El Acantilado, 356
CLÁSICOS PARA LA VIDA

NUCCIO ORDINE

CLÁSICOS PARA LA VIDA
UNA PEQUEÑA BIBLIOTECA IDEAL

TRADUCCIÓN DEL ITALIANO
DE JORDI BAYOD

BARCELONA 2017 ACANTILADO

TÍTULO ORIGINAL *Classici per la vita*

Publicado por
ACANTILADO
Quaderns Crema, S. A.

Muntaner, 462 - 08006 Barcelona
Tel. 934 144 906
correo@acantilado.es
www.acantilado.es

© 2016 by Nuccio Ordine
© de la traducción, 2017 by Jordi Bayod Brau
© de la ilustración de la cubierta, by Gianfilippo Usellini,
La biblioteca magica, 1960, © Comune di Vimercate,
MUST Museo del territorio vimercatese
© de esta edición, 2017 by Quaderns Crema, S. A.

Derechos exclusivos de edición en lengua castellana:
Quaderns Crema, S. A.

ISBN: 978-84-16748-64-8
DEPÓSITO LEGAL: B. 18 023-2017

AIGUADEVIDRE *Gráfica*
QUADERNS CREMA *Composición*
ROMANYÀ-VALLS *Impresión y encuadernación*

DÉCIMA REIMPRESIÓN *septiembre de 2023*
PRIMERA EDICIÓN *octubre de 2017*

CONTENIDO

Casi todo lo que los hombres han dicho de mejor lo han dicho en griego.

M. YOURCENAR,
Memorias de Adriano

A Maria Embiricos y a George (invisible presencia), por Grecia, por los clásicos y por el arte.

SI NO SALVAMOS LOS CLÁSICOS Y LA ESCUELA, LOS CLÁSICOS Y LA ESCUELA NO PODRÁN SALVARNOS

> El verdadero lugar de nacimiento es aquel
> donde por primera vez nos miramos
> con una mirada inteligente;
> mis primeras patrias fueron los libros.
>
> MARGUERITE YOURCENAR

> Sólo es digna de ser vivida la vida que se
> vive para los otros.
>
> ALBERT EINSTEIN

I. NO HAY QUE LEER A LOS CLÁSICOS PARA APROBAR LOS EXÁMENES

«Que otros se jacten de las páginas que han escrito; | a mí me enorgullecen las que he leído»: ninguna frase podría expresar mejor el sentido de mi trabajo que los dos versos con los que Jorge Luis Borges abre el poema titulado «Un lector» en su *Elogio de la sombra*. No me atañe, ciertamente, la declaración de modestia de uno de los mayores escritores del siglo XX, pero sí el acento en la vital importancia de la lectura, que traduce bien el espíritu con el que he concebido *Clásicos para la vida*: garantizar que todo el escenario esté ocupado por los textos citados y no por los breves comentarios que los acompañan.

No es un azar que esta pequeña biblioteca ideal sea el fruto de un experimento concreto basado esencialmente en una experiencia de lectura. En los últimos quince años, en efecto, durante mi primer semestre de clases, he leído cada lunes a mis estudiantes breves citas de obras en verso o en prosa no necesariamente ligadas al tema del curso monográfico. Un *test* que ha contribuido, a su vez, a orientar mis decisiones como docente.

Porque he observado que precisamente ese día—durante la media hora dedicada a la libre lectura de pasajes de escritores, filósofos, artistas o científicos—, además de los alumnos habituales, aparecían en el aula caras nuevas: caras de jóvenes matriculados en otros departamentos humanísticos y científicos o, incluso, amigos de los asistentes, atraídos simplemente por la curiosidad de escuchar la palabra de un poeta o un novelista. Pasado un tiempo, los mensajes recibidos y el azar de las conversaciones me han permitido verificar que, finalmente, algunos de ellos habían decidido leer más clásicos y leerlos enteros.

Ajena a cualquier necesidad utilitarista, la presencia de este público heterogéneo demostraba verdadero interés por un autor concreto o por la cuestión particular discutida en su texto. En ese espacio experimental, que yo llamaría de manera impropia «extrainstitucional», he tenido la impresión de compartir con mis estudiantes la manera sana y auténtica de relacionarse con los clásicos. Las grandes obras literarias o filosóficas no deberían leerse para aprobar un examen, sino ante todo por el placer que producen en sí mismas y para tratar de entendernos y de entender el mundo que nos rodea. En las páginas de los clásicos, aun a siglos de distancia, todavía es posible sentir el latido de la vida en sus formas más diversas. La primera tarea de un buen profesor debería ser reconducir la escuela y la universidad a su función esencial: no la de producir hornadas de diplomados y graduados, sino la de formar ciudadanos libres, cultos, capaces de razonar de manera crítica y autónoma.

2. LA COLUMNA EN «SETTE», SUPLEMENTO SEMANAL DEL «CORRIERE DELLA SERA»

A partir de esta experiencia de campo surgió la idea de ofrecer en las páginas de uno de los semanarios más prestigiosos de Italia—«Sette», del *Corriere della Sera*—una selección de los fragmentos que había leído a mis estudiantes a lo largo de los años. Este volumen compila, en efecto, los textos que, entre septiembre de 2014 y agosto de 2015, seleccioné para los lectores de mi columna, titulada «Contro-Verso». Se trataba de presentar cada semana una breve cita de un clásico y de intentar evocar un tema relacionado con ella. Y lo hice, como atestigua la propia estructura gráfica de la columna—y de este volumen—, situando en la posición central, con una letra mucho mayor, los versos o las prosas de los autores antiguos, modernos y contemporáneos. Sin límites temporales, lingüísticos ni geográficos, quise privilegiar la palabra de los poetas, novelistas y ensayistas, poner a su servicio mi comentario, formado por breves notas destinadas exclusivamente a subrayar una u otra palabra, una u otra reflexión suscitada por la lectura del fragmento.

Por lo tanto, sería un error considerar *Clásicos para la vida* como lo que no es: no es una colección de microensayos, y no puede pretender presentarse como una exploración—siguiendo las huellas de Erich Auerbach en *Mímesis*—de la relación que cabe establecer en una determinada obra entre la parte (el fragmento citado) y el todo (el texto completo), ni tampoco como una ocasión para reflexionar—siguiendo a Aby Warburg—sobre la función reveladora que, a veces, puede ejercer un detalle «grávido de sentido». *Clásicos para la vida*, de una manera más simple, no quiere ser otra cosa que un homenaje a los clásicos en un momento difícil para su existencia.

Durante estos meses he intentado no naufragar navegando entre los escollos de la especialización y de la divulgación banal. Consciente de dirigirme a un público amplio y heterogéneo, he tratado de seleccionar textos que pudieran satisfacer al mismo tiempo las exigencias de los lectores no especialistas y las de los lectores más expertos. En qué medida mis buenas intenciones han tenido después una acogida favorable es difícil decirlo. No conviene, sin embargo, hacerse ilusiones. Las colecciones de fragmentos escogidos no bastan, sobre todo cuando se trata de programas escolares y universitarios. Una antología no tendrá nunca fuerza suficiente para desencadenar las profundas metamorfosis que sólo puede producir la lectura completa de una obra. Me resulta difícil imaginar que un clásico reducido a fórmulas manualísticas o desmembrado en breves fragmentos suscite destellos de pasión. Pese a todo, cuando nos dirigimos a un público amplio, una buena colección de citas puede ayudar a vencer la indiferencia del lector y a estimular su curiosidad hasta empujarlo a afrontar la lectura de una obra en su integridad. Éste es el desafío concreto que determina la eficacia de una antología. En rigor, contentarse con el mero fragmento es una derrota evidente.

3. MONTAIGNE: DEMASIADOS LIBROS
SOBRE LOS LIBROS

La selección que presento, como ya he dicho, corresponde a una serie de textos que he estimado a lo largo de mi vida y que he compartido con mis estudiantes, intentando mostrarles cómo los clásicos pueden responder todavía hoy a nuestras preguntas y revelarse un precioso instrumento de conocimiento. Los clásicos, en efecto, nos ayudan a vivir: tienen mucho que decirnos sobre el «arte de vivir» y sobre la manera de resistir a la dictadura del utilitarismo y el lucro.

Ahora más que nunca, cuando lo previsible es que la literatura secundaria acabe sumergiendo las obras de las que habla, las palabras de Montaigne suenan absolutamente actuales:

> Requiere más esfuerzo interpretar las interpretaciones que interpretar las cosas, y hay más libros sobre libros que sobre cualquier otro asunto: no hacemos más que glosarnos los unos a los otros. Todo está lleno de comentarios; de autores, hay gran escasez.

En definitiva, son los autores quienes hacen posible la existencia de los comentarios y las interpretaciones. Cuando la crítica considera el *texto* como un mero *pretexto* y ocupa por sí misma el escenario de la comunicación, ejerce una función perversa. El verdadero crítico no debería olvidar nunca—como señala oportunamente George Steiner (recurriendo a una metáfora forjada por el gran poeta ruso Aleksandr Serguéievich Pushkin)—que su papel debe ser el de un «cartero». Los carteros, en efecto, saben que existen porque hay alguien que escribe cartas; de igual manera, la crítica existe porque hay alguien que produce obras. Y, como el cartero, el crítico debería ponerse, de la manera más discreta, al servicio de las obras, escucharlas, protegerlas, dejarlas hablar, ayudar a que lleguen a sus destinatarios. Se trata de una función importante, a veces decisiva: ¿para qué serviría escribir una carta si después se extraviara o acabase en un buzón equivocado? ¡Pero a condición, sin embargo, de que la «carta» continúe ocupando el lugar central!

4. LOS CLÁSICOS, LA ESCUELA, EL ARTE DE VIVIR

Marginados, por desgracia, en los programas escolares (en los que manuales e instrumentos exegéticos de toda suerte sustituyen a los textos) y en las editoriales (hoy en día, en Europa, son pocos los editores independientes capaces de desafiar al mercado con ediciones bilingües de grandes obras), los clásicos no ocupan ya el lugar de honor que en otro tiempo tenían en la formación del ciudadano medio europeo. Si es cierto que los clásicos pueden salvar a la escuela y a la universidad haciendo la enseñanza más auténtica, no lo es menos que sin la escuela y la universidad es difícil imaginar un futuro próspero y vital para los clásicos.

Por ello, en las últimas dos décadas me he convencido cada vez más de que la actividad primordial de un profesor debería ser precisamente ésta: leer los clásicos a los alumnos y partir de los clásicos para mostrar después su interacción con los demás saberes y, sobre todo, con la vida misma. Una página de los *Ensayos* de Montaigne, un canto del *Orlando furioso* de Ariosto o un verso del *Otelo* de Shakespeare deben también traducirse—como espero que les suceda a los lectores de *Clásicos para la vida*—en reflexiones sobre asuntos y cuestiones que atañen a los intereses de los alumnos. Y para evitar caer en una banalizadora «actualización», la selección de los fragmentos y los correspondientes comentarios han de partir de un trabajo preliminar muy escrupuloso. Ante todo, es preciso tener un buen dominio de la obra de la que se habla. Un conocimiento de mera antología no basta; como tampoco basta el estudio de la didáctica, que, en las últimas décadas, ha asumido una centralidad desproporcionada: dicho sea con el permiso de las pedagogías hegemónicas, el conocimiento de la disciplina es lo primero y constituye la condición esencial. Si no se domina esa literatura específica, ningún manual que enseñe a enseñar ayudará a preparar una buena clase.

Pero hay algo más. La gestión empresarial que prevalece hoy en la escuela—cuyos signos evidentes se encuentran incluso en las elecciones léxicas: el «rector» se ha convertido en «director del centro», mientras que los estudiantes han de ser evaluados con arreglo a «créditos» formativos— parece que ya no mira sino a la estrella polar del mercado. Bajo la promesa de una inmediata inserción en el mundo laboral, el diseño de los currículos escolares puede verse fuertemente condicionado por los aspectos «profesionalizadores» de la formación. Todo ello, naturalmente, en detrimento de la enseñanza de disciplinas, como el griego y el latín, que no responden al brutal utilitarismo de quien se pregunta «para qué sirve» estudiar «lenguas muertas».

Perseguir la quimera del mercado es, sin embargo, mera ilusión. Así lo confirman los datos cada día más alarmantes del paro juvenil. La rapidez de las mutaciones que hoy afectan al complejo mecanismo de los intercambios económicos es tanta que no es posible adaptar con la misma celeridad los currículos escolares. La formación requiere plazos largos. Orientarla exclusivamente por las presuntas ofertas del mundo laboral es perder de antemano la partida. No necesitamos reformas genéricas, sino asegurar una buena selección de los docentes. Los jóvenes reclaman sobre todo profesores que vivan con pasión y con verdadero interés la disciplina que imparten. Se trata de una exigencia sacrosanta, cuyos efectos beneficiosos todos nosotros hemos podido experimentar en nuestra vida estudiantil. Muchas veces hemos constatado que nuestro amor por la literatura o la filosofía, por la historia o las matemáticas, es inseparable de un profesor o una profesora en concreto. No se puede entrar en clase sin una buena preparación. No se puede hablar al alumnado sin amar lo que se enseña. Una pedagogía rutinaria acaba por matar cualquier forma de interés. Por ello, tiene razón George Steiner cuando nos recuerda que «una enseñanza de mala calidad es, casi literalmente, un asesinato».

5. UN VERDADERO MAESTRO PUEDE CAMBIAR LA VIDA: ALBERT CAMUS Y LOUIS GERMAIN

Basta con leer la conmovedora carta que Albert Camus dirige a su maestro de Argel, Louis Germain, para entender de qué modo un magnífico y apasionado docente cambió la vida de un estudiante nacido en el seno de una familia paupérrima. Tras llegarle la noticia de la concesión del premio Nobel de literatura, Camus siente la necesidad de dar las gracias a su madre con un afectuoso telegrama, y a continuación, el 19 de noviembre de 1957, a quien había hecho posible su formación escolar. Sin padre (muerto en la guerra), el pequeño Albert se había criado gracias al sacrificio de su madre (casi sorda y analfabeta) y de su abuela. Y precisamente contra la opinión de esta última, que empujaba al nieto a encontrar de inmediato un trabajo con el que ganarse la vida, Germain lo preparó gratuitamente para que pudiera optar a una beca en el liceo Bugeaud de Argel. Camus tenía apenas once años. Treinta y tres años más tarde, al recibir el más prestigioso reconocimiento destinado a un literato, siente el apremio de expresar todo su afecto al educador que le había ofrecido la oportunidad de llegar a ser lo que era:

Querido señor Germain:
Esperé a que se apagara un poco el ruido que me ha rodeado todos estos días antes de hablarle de todo corazón. He recibido un honor demasiado grande, que no he buscado ni pedido. Pero cuando supe la noticia, pensé primero en mi madre y después en usted. Sin usted, sin la mano afectuosa que tendió al niño pobre que era yo, sin su enseñanza y su ejemplo, no hubiese sucedido nada de todo esto. No es que dé demasiada importancia a un honor de este tipo. Pero ofrece por lo menos la oportunidad de decirle lo que usted ha sido y sigue siendo para mí, y de corroborarle que sus esfuerzos, su trabajo y el corazón generoso que usted puso en ello continúan siempre vivos en uno de sus pequeños escolares, que, pese a los años, no ha dejado de ser su alumno agradecido. Lo abrazo con todas mis fuerzas.

Muy poco después, el 10 de diciembre, Camus dedica al mismo Germain el discurso pronunciado en la ceremonia de Estocolmo, en el que afirma con la máxima claridad que la misión principal de un escritor debe ser hablar por cuenta de quienes, sufriendo en silencio, no pueden hacerlo. Emocionado, el docente reconstruye, a su vez, la antigua relación con su «simpático hombrecito» en una carta datada el 30 de abril de 1959:

Mi pequeño Albert:
He recibido, enviado por ti, el libro *Camus*, que ha tenido a bien dedicarme su autor, el señor J.-Cl. Brisville.
Soy incapaz de expresar la alegría que me has dado con la gentileza de tu gesto, y no sé cómo agradecértelo. Si fuera posible,

19

abrazaría muy fuerte al mocetón en que te has convertido y que seguirá siendo siempre para mí «mi pequeño Camus». Todavía no he leído la obra, salvo las primeras páginas. ¿Quién es Camus? Tengo la impresión de que los que tratan de penetrar en tu personalidad no lo consiguen. Siempre has mostrado un pudor instintivo ante la idea de descubrir tu naturaleza, tus sentimientos. Cuando mejor lo consigues es cuando eres simple, directo. ¡Y ahora, bueno! Esas impresiones me las dabas en clase. El pedagogo que quiere desempeñar concienzudamente su oficio no descuida ninguna ocasión para conocer a sus alumnos, sus hijos, y éstas se presentan constantemente. Una respuesta, un gesto, una mirada, son ampliamente reveladores. Creo conocer bien al simpático hombrecito que eras, y el niño, muy a menudo, contiene en germen al hombre que llegará a ser. El placer de estar en clase resplandecía en toda tu persona. Tu cara expresaba optimismo. Y estudiándote, nunca sospeché la verdadera situación de tu familia. Sólo tuve un atisbo en el momento en que tu madre vino a verme para inscribirte en la lista de candidatos a las becas. Pero eso fue, por lo demás, en el momento en que ibas a abandonarme. Hasta entonces me parecía que tu situación era la misma que la de todos tus compañeros. Siempre tenías lo que te hacía falta. Como tu hermano, ibas agradablemente vestido. Creo que no puedo hacer mejor elogio de tu madre.

El recuerdo del joven Camus y su familia se convierte también en una ocasión para hablar de la escuela. Germain, en efecto, al revelar su profundo malestar frente a algunos «proyectos amenazadores que se urden contra nuestra escuela», no duda en expresar, con su acostumbrada pasión, algunos de los puntos fuertes de su visión de la instrucción pública y la enseñanza:

Antes de terminar, quiero decirte cuánto me hacen sufrir, como maestro laico que soy, los proyectos amenazadores que se urden contra nuestra escuela. Creo haber respetado, durante toda mi carrera, lo más sagrado que hay en el niño: el derecho a buscar su verdad. Os he amado a todos, y creo haber hecho todo lo posible para no manifestar mis ideas y no pesar sobre vuestras jóvenes inteligencias. Cuando se trataba de Dios (está en el programa), yo decía que algunos creen y otros no. Y que, en la plenitud de sus derechos, cada uno hace lo que quiere. De la misma manera, en el capítulo de las religiones me limitaba a señalar las que existen, y que profesaban todos aquellos que lo deseaban. A decir verdad, añadía que hay personas que no practican ninguna religión. Sé que esto no agrada a quienes quisieran hacer de los maestros unos viajantes de comercio de la religión y, para más precisión, de la religión católica. En la Escuela Normal de Argel (instalada entonces en el parque de Galland), mi padre, como mis compañeros, estaba obligado a ir a misa y a comulgar todos los domingos. Un día, harto de esta coerción, ¡metió la hostia «consagrada» dentro de un libro de misa y lo cerró! El director de la escuela, informado del hecho, no vaciló en expulsarlo. Eso es lo que quieren los partidarios de la «escuela libre» (libre... siempre que piense como ellos). Temo que, dada la composición de la actual Cámara de Diputados, esta mala jugada dé buen resultado. *Le Canard enchaîné* ha señalado que, en un departamento, unas cien clases de la escuela laica funcionan con el crucifijo colgado en la pared. Eso me parece un atentado abominable contra la conciencia de los niños. ¿Qué pasará dentro de un tiempo? Estas reflexiones me causan una profunda tristeza.

Y me parece significativo que este intercambio epistolar se haya publicado luego como apéndice de *El primer hombre*, novela en la que Camus estaba trabajando cuando de repente, el 4 de enero de 1960, le sobrevino la muerte en un trágico accidente de tráfico: precisamente en estas páginas autobiográficas (que han inspirado también la película de Gianni Amelio *Le premier homme*, estrenada en 2011), el autor recorre los años de su infancia en Argel, a la búsqueda del «primer hombre» y de aquellos que, como Germain, habían contribuido a formarlo.

Se trata de un elocuente ejemplo de lo que debería entenderse auténticamente por buena escuela: la plena dedicación del maestro, apasionado hasta el punto de entregar la vida a los alumnos con el objetivo de respetar «lo más sagrado que hay en el niño: el derecho a buscar su verdad». Sin Germain—y sin Roger Grenier y los otros maestros que encontró por azar en su trayectoria—, Camus no habría sido el Camus que hemos leído y apreciado. Pero no es preciso que tales «encuentros» estén destinados a formar premios Nobel. La vida de un joven estudiante puede ser transformada de muchos modos: educando a los alumnos en la legalidad, la tolerancia, la justicia, el amor al bien común, la solidaridad humana, el respeto a la naturaleza y al patrimonio artístico, se realiza, en silencio y lejos de los focos, un pequeño milagro que se repite cada día en cada escuela de cada país, rico o pobre, del mundo.

6. LA BUENA ESCUELA NO LA HACEN
LAS «TABLETS» NI LOS PROGRAMAS DIGITALES,
SINO LOS BUENOS PROFESORES

Por eso, cada vez estoy más convencido de que la buena escuela no la hacen ni las *tablets* en cada pupitre, ni la pizarra conectada a internet, ni el director con ínfulas de *manager*. La buena escuela la hacen ante todo los buenos profesores. Sin embargo, la política inversora va en otra dirección: en Italia, las escuelas públicas se caen a pedazos, y el dinero que se dedica a formar óptimos profesores es irrisorio (¡la ausencia de un riguroso sistema de contratación ha creado un ejército de profesores precarios!); mientras tanto, acaban de asignarse mil millones de euros a la llamada «escuela digital». Pero ¿es verdad que los estudiantes aprenden más y mejor valiéndose de recursos multimedia y de materiales didácticos *online*?

Nadie tiene aún la respuesta cierta a esta pregunta. Sin embargo, de los experimentos llevados a cabo en otros países europeos se desprende que, hasta ahora, las inversiones digitales sólo han tenido un impacto seguro en el volumen de negocios de los fabricantes y proveedores de programas y de *hardware*. El caso del Reino Unido es muy elocuente: ante las notables asignaciones (se habla de centenares de millones de libras), los informes y documentos elaborados por los expertos muestran, como señala Adolfo Scotto di Luzio,

una tensión entre las razones empresariales y las razones educativas, entre el precio de la mercancía y la pedagogía, que habría que estar ciego para no ver. Por un lado, tenemos al vendedor, que entiende la escuela como un vasto mercado aún por explorar; por el otro, a quien, a su vez, está llamado a educar.

En definitiva, la rendición de cuentas ofrece datos cuantitativos sobre la provisión de instrumentos didácticos, sobre la presencia de las tecnologías en los currículos o sobre los tipos de conexiones a la red, pero no explica los efectos que la «escuela digital» produce realmente «en la mente de los estudiantes y en su capacidad de aprendizaje».

Algunos estudiosos juzgan incluso «bastante *ínfimo*» el impacto «de la utilización de las tecnologías sobre los resultados escolares». Como sostiene Roberto Casati:

De momento, la relación entre el acceso a las tecnologías y los buenos resultados escolares puede explicarse perfectamente mediante una hipótesis muy sencilla: los resultados escolares dependen del estatus socioeconómico y del nivel académico de los padres (nivel académico que a menudo depende a su vez del estatus socioeconómico); quienes obtienen buenos resultados en la escuela provienen de un medio sociocultural elevado.

Dicho de otra manera:

La disponibilidad de prótesis digitales sería entonces el *indicio* de una condición social, no la *razón* del éxito escolar y, como en la parábola de los talentos, se le dará a quien tiene—y será aún más rico—, y a quien no tiene se le quitará lo que tiene.

A pesar de estas juiciosas objeciones, hoy continúa prevaleciendo la idea de que las tecnologías digitales hacen de la escuela una «escuela moderna». Nadie se pregunta seriamente por la eficacia de tales instrumentos y nadie parece evaluar de un modo analítico la relación entre las ingentes inversiones realizadas y los beneficios efectivos obtenidos. En un momento histórico dramático—caracterizado por el progresivo recorte de recursos para la escuela y la universidad—, destinar sumas importantes a la «escuela digital»—y a las continuas actualizaciones y renovaciones de los instrumentos tecnológicos requeridas para seguir el ritmo de las rapidísimas innovaciones del mercado (que vuelven en poco tiempo obsoleta, y a menudo inutilizable, gran parte de los materiales adquiridos)—significa automáticamente dejar caer en el vacío otros posibles caminos: por ejemplo, el de la formación y selección de los profesores o el de la optimización de la *ratio* entre docentes y alumnos para hacer más incisiva la enseñanza o, asimismo, el de animar a los estudiantes a acudir a los institutos también por la tarde, para cultivar intereses ligados a la música, el teatro y otras actividades culturales específicas.

¿Estamos verdaderamente seguros de que la escuela es el lugar donde el estudiante debe potenciar su relación con la tecnología digital? ¿Estamos seguros de que al número ya exagerado de horas dedicadas a los videojuegos, a la televisión, a navegar por internet, a las relaciones virtuales establecidas a través de Facebook, Twitter y WhatsApp, es necesario sumarles también las horas asignadas para seguir una clase en el aula de una escuela o de una universidad? Para responder a estas legítimas preguntas, bastaría con dialogar con los estudiantes. Lo he hecho muchas veces, a lo largo de los años, al pedirles que apaguen el móvil durante la hora de clase. Las reacciones han sido de desconcierto y extravío. Con el fin de evitar una radical «desconexión», ¡algunos han pedido permiso para usar el «modo silencio»! A muchos de ellos les parece inconcebible pasar una sola hora sin consultar el *smartphone* o el iPad. Sin embargo, frente a mis objeciones, nadie ha sabido explicarme por qué un estudiante, en clase, debería tener acceso a su móvil ni que fuera en silencio. No me parece que entre los matriculados en un curso de literatura italiana, o de cualquier otra disciplina, figuren cardiocirujanos o bomberos prestos a salvar vidas humanas o a apagar peligrosos incendios.

No se trata de adoptar insostenibles posiciones *luditas*. Pero cuando el grado de dependencia de los instrumentos tecnológicos supera cualquier umbral sensato, ¿no sería oportuno convertir la escuela en un sano momento de «desintoxicación»? ¿No sería necesario hacer comprender a nuestros alumnos que un *smartphone* puede ser utilísimo cuando lo usamos del modo apropiado, pero muy peligroso, en cambio, cuando nos utiliza él a nosotros, transformándonos en esclavos incapaces de rebelarse contra su tirano? ¿No es la escuela o la universidad el lugar ideal para que los estudiantes sometan a debate si la amistad puede identificarse con un simple clic en Facebook y si enorgullecerse de contar con más de mil amigos en un «perfil» significa tener una visión profunda de la amistad y de las relaciones humanas en general?

El mismo discurso vale para el uso de internet. Se trata de un instrumento extraordinario que, como muchas veces se ha dicho, evoca la revolución producida en el siglo xv con la invención de los caracteres móviles para la imprenta por el tipógrafo Johannes Gutenberg. Pero ¡a menudo olvidamos que internet está hecho más para quien sabe que para quien no sabe! Imaginemos a un estudiante intentando estudiar a Giordano Bruno en la red. ¿Cómo logrará distinguir las docenas de sitios en que proliferan las necedades—a veces demenciales—de aquellos que, por el contrario, contienen informaciones y reflexiones correctas? Una navegación segura requeriría tener un certificado de garantía que, hoy en día, sólo portales como el del Istituto Treccani u otras instituciones del mismo tenor científico pueden ofrecer. Lo mejor, para el principiante, sigue siendo recurrir a instrumentos que sean fruto de un riguroso control: un buen libro, en definitiva, es aún mucho más seguro que un viaje a la aventura por el maremágnum de la red, donde cada cual (independientemente de su competencia) se siente libre para hablar de las cosas más diversas.

Tener acceso, a través de internet, a una extraordinaria cantidad de «informaciones» es un hecho indiscutiblemente positivo. Pero no basta para «conocer». La facilidad para localizar un texto literario, un fragmento musical, un cuadro, no significa capturar de manera automática su significado. El acceso fácil es un punto de partida, pero se requiere además poseer los instrumentos exegéticos que permiten penetrar a fondo en una obra. Sin una formación de base, sin un estudio preliminar, será difícil, por no decir imposible, transformar las «informaciones» en «conocimiento».

La complejidad de este tema requeriría una reflexión específica mucho más profunda. Pero me urge subrayar que, además, el mito de la «escuela digital» está empujando a no pocos centros de enseñanza a tomar decisiones desastrosas. En algunas grandes ciudades italianas, ciertos supermercados han propuesto a las comunidades escolares acuerdos de este tenor: a las familias de los alumnos que compren en la cadena x o y se les ofrecerán cupones que después permitirán recibir como regalo el *gadget* que la escuela necesite (un ordenador, una *tablet*, una pizarra digital, etcétera). Directores de escuelas y padres no se dan cuenta de los devastadores efectos que estos funestos pactos pueden tener en los estudiantes: en vez de proteger a los jóvenes de las campañas consumistas de las que cada día son víctimas, ¡se les educa para que sean, aún más, fidelísimos y acríticos clientes!

7. LA «PROFESIONALIZACIÓN» MATA LA
«CURIOSITAS» Y LA CREATIVIDAD

En definitiva, hay muchas maneras de permitir que la escuela que «mira al mercado» se convierta en mercado ella misma. Y a este propósito, debo detenerme por un instante en otra cuestión decisiva a la que ya he aludido más arriba. Hay una pregunta esencial—surgida insistentemente en los muchos encuentros que he mantenido, en los últimos dos años, con miles de estudiantes en Italia—que merece un debate muy serio: ¿estamos verdaderamente seguros de que el objetivo principal de la enseñanza en las escuelas secundarias debe ser la «profesionalización»? Privilegiar este aspecto «profesionalizador» significa perder por entero de vista la dimensión universal de la enseñanza. Reducir la formación educativa a la mera adquisición de un «oficio» acabaría por matar cualquier posibilidad de animar a los estudiantes a cultivar su espíritu de manera autónoma y a dar libre curso a su *curiositas*. No se trata de una preocupación que incumba sólo a quienes militan en el campo de las ciencias humanas. Basta con releer el pasaje de un artículo de un grandísimo científico, Albert Einstein, que he seleccionado para esta antología (p. 164), para percatarse del grave peligro que corremos:

La escuela debe siempre plantearse como objetivo que el joven salga de ella con una personalidad armónica y no como un especialista. En mi opinión, esto es aplicable, en cierto sentido, incluso a las escuelas técnicas, cuyos alumnos se dedicarán a una profesión totalmente definida. Lo primero debería ser, siempre, desarrollar la capacidad general para el pensamiento y el juicio independientes y no la adquisición de conocimientos especializados.

Cada año leo a mis alumnos una magnífica poesía de Costantino Cavafis—también presente en *Clásicos para la vida* (p. 144)—para hacerles entender que lo importante no es la meta (el retorno a Ítaca), sino el viaje que debemos llevar a cabo para alcanzarla:

Mantén siempre Ítaca en tu mente.
Llegar allí es tu destino.

Pero no tengas la menor prisa en tu viaje.
Es mejor que dure muchos años
y que viejo al fin arribes a la isla,
rico por todas las ganancias de tu viaje,
sin esperar que Ítaca te vaya a ofrecer riquezas.

28

Ítaca te ha dado un viaje hermoso.
Sin ella no te habrías puesto en marcha.
Pero no tiene ya más que ofrecerte.

Aunque la encuentres pobre, Ítaca de ti no se ha burlado.
Convertido en tan sabio, y con tanta experiencia,
ya habrás comprendido el significado de las Ítacas.

Sacrificar a una meta el valor intrínseco de la experiencia misma de la aventura del conocimiento significa empobrecer nuestro trayecto. ¿Quién no entiende que obligar a jovencísimos estudiantes a elegir una profesión ya antes de matricularse en las escuelas superiores, en nombre de programas escolares orientados hacia el mercado, acabará por matar cualquier posibilidad de animarlos al libre cultivo de sus intereses y de su *curiositas*?

Mientras que en países tecnológicamente tan avanzados como Corea se intensifican las inversiones en las disciplinas humanísticas—consideradas una fuente extraordinaria para el cultivo de la fantasía y la imaginación que están en la base de todo tipo de creatividad—, Europa, olvidando sus raíces culturales, está matando progresivamente el estudio de las lenguas antiguas, la filosofía, la literatura, la música y el arte en general. Cometeríamos ciertamente un grave error si subestimáramos la importancia de los aspectos «profesionalizadores» de la formación. Pero especializar en exceso los currículos destinados a jóvenes entre catorce y diecinueve años puede resultar fatal. ¿Cómo se explica que, durante décadas, decenas de miles de científicos, arquitectos, médicos, ingenieros y buena parte de la clase dirigente italiana y europea hayan podido rendir al máximo en sus disciplinas concretas tras cursar la enseñanza media clásica? La brillante carrera de Fabiola Gianotti, primera mujer en dirigir el CERN de Ginebra, lo demuestra: en varias entrevistas, esta científica ha defendido la importancia que en su formación tuvieron las disciplinas humanísticas (estudió en un instituto clásico) y de la pasión por la música (siguió cursos de piano en el Conservatorio de Milán). La importancia de la relación entre creatividad y pensamiento es reconocida también por algunos economistas ilustrados. No por azar el premio Nobel de economía Edmund S. Phelps ha recordado, en un artículo aparecido en septiembre de 2014—con el título de «Teaching Economic Dynamism» [en castellano «Educar para el dinamismo económico»]—, que

hoy a las economías les falta espíritu de innovación. El mercado laboral no sólo necesita más competencias técnicas, sino que requiere un número cada vez mayor de *soft skills*, como la capacidad de pensar de modo imaginativo, de elaborar soluciones creativas para desafíos complejos y de adaptarse a circunstancias cambiantes y a nuevas relaciones.

Por ello,

un primer paso necesario es reintroducir las materias humanísticas en los institutos y en los currículos universitarios. El estudio de la literatura, la filosofía y la historia será una inspiración para que los jóvenes busquen una vida plena, una vida que incluya hacer aportaciones creativas e innovadoras a la sociedad.

Ninguna profesión puede ejercerse a conciencia si las habilidades técnicas que exige no se insertan dentro de una formación más amplia, capaz de orientar críticamente las decisiones y, sobre todo, de favorecer la construcción de una conciencia civil. Reducir el ser humano a una «profesión» constituye un gravísimo error: en cualquier hombre hay algo esencial que va mucho más allá de su actividad como médico, abogado o ingeniero.

8. ¿QUÉ TIENE QUE VER EL PETRÓLEO CON LOS BIENES CULTURALES?

La lógica empresarial está invadiendo asimismo el ámbito de los bienes culturales. Grecia, Italia, Francia o España son países únicos en el mundo, inmensos museos al aire libre. Basta con recorrer a pie ciudades como París, Roma, Atenas o Toledo para gozar de la extraordinaria belleza de obras de arte, templos, monumentos e iglesias. En Italia, algunos ministros se han referido a nuestro patrimonio artístico con la expresión «yacimientos culturales», y recientemente, de manera más explícita, han empleado incluso la palabra «petróleo». Para ellos, el Partenón y el Coliseo, el Louvre y el Prado son «petróleo» en la medida en que constituyen una fuente potencial de ingresos.

Nadie pretende subestimar la importancia del aspecto económico: si un museo o un yacimiento arqueológico son rentables, tanto mejor. Pero ¿es posible considerar los monumentos y las obras de arte como meras fuentes de ingresos con independencia de su valor cultural? ¿Cómo se explica tamaña vulgaridad? ¿Cómo puede ofenderse a siglos de cultura y de historia comparando nuestro patrimonio artístico y monumental con un producto, el petróleo, que apesta y contamina? Para entender lo que está en juego, basta con observar qué sucede en los países en los que el petróleo es abundante. Las multinacionales extraen el oro negro del subsuelo para continuar enriqueciéndose, mientras que las poblaciones locales, que eran pobres, se empobrecen aún más, porque esas empresas «sin patria», una vez enriquecidas, dejan a sus espaldas, en las áreas explotadas, un enorme desastre ecológico. Cualquier manifestación artística es evaluada con arreglo a estos mismos parámetros económicos. El éxito de una exposición, por ejemplo, se mide exclusivamente por el número de asistentes y la recaudación económica. Nadie se pregunta de qué manera los cuadros expuestos han podido estimular al visitante a reflexionar sobre los temas evocados por el artista o de qué forma la experiencia estética ha podido modificar nuestra percepción de nosotros mismos y de la realidad que nos rodea. Comparar los bienes culturales con el «petróleo» o evaluar una exposición por la cantidad de entradas vendidas significa perder de vista el valor intrínseco de la belleza y la función civil que el arte puede ejercer en la formación de la identidad y en el fomento del crecimiento humano y cultural de un pueblo.

Que hoy en día son primordialmente los parámetros económicos los que dictan las decisiones me parece una verdad indiscutible. Pensemos, por ejemplo, en unas imágenes dramáticas que el mundo entero ha visto por televisión: bandas de violentos e ignorantes fundamentalistas destruyendo con martillos neumáticos antiguas obras de arte o haciendo saltar por los aires templos y monumentos. Hablamos de Palmira, en Siria. Pero se han cometido destrozos análogos en Afganistán, Mali y otros países sacudidos por el fanatismo religioso. Se trata de parajes considerados patrimonio de la humanidad, porque la belleza pertenece a todos los seres humanos. Sin embargo, frente a este género de barbarie las grandes potencias no han movilizado sus ejércitos. Los hemos visto intervenir, con suma diligencia, para defender un pozo de petróleo, pero ningún contingente armado se ha movido para impedir la destrucción de edificios y estatuas, de valiosas obras artísticas que, por su naturaleza, son únicas e irreproducibles. Reducir a polvo *Las meninas* de Velázquez significaría aniquilar para siempre una obra que nadie podría devolver a la vida. Es escandaloso ver cómo las grandes potencias se inquietan por un banal pozo de petróleo (fácil de reconstruir en cualquier otra localidad del mundo) y permanecen, en cambio, indiferentes ante la destrucción irreversible de la belleza.

9. LA DERIVA EMPRESARIAL DE LA ENSEÑANZA

Pero volvamos por un momento al tema de la enseñanza. La deriva empresarial y utilitarista ha producido ya efectos negativos. Un gran número de estudiantes me ha manifestado abiertamente su creciente malestar. Ante la elección de una carrera universitaria, se sienten desgarrados por un terrible dilema: ¿qué hacer?, ¿seguir libremente sus intereses o dejarse condicionar por una opción basada exclusivamente en las oportunidades del mercado? En otros términos: ¿vivir una pasión o pensar ante todo en el empleo? Un drama que, de manera distinta y menos consciente, se presenta ya al final de la enseñanza secundaria obligatoria, cuando se trata de decidir entre el bachillerato y la formación profesional.

No siempre es fácil dar una respuesta taxativa. Pero las muchas veces que me han planteado preguntas sobre este asunto he animado a los jóvenes a cultivar libremente sus intereses, sin dejarse influir por cálculos utilitaristas. Y si he corrido el riesgo de pasar por «irresponsable», lo he hecho porque en veintiséis años de enseñanza he podido ser a menudo testigo de decisiones valientes que han producido frutos extraordinarios: quien ha cursado con pasión disciplinas consideradas «sin futuro» ha tenido, a veces, muchas más posibilidades de realizarse que quien, por el contrario, ha elegido una carrera a regañadientes, sin otro objetivo que acomodarse a las exigencias del mercado. Todo ello sin contar con el hecho de que se puede ser feliz con una modestísima retribución si se ama lo que se hace y, en cambio, ser infeliz con una nutrida cuenta bancaria si se considera la profesión ejercida como un simple medio para ganar dinero.

Por desgracia, sin embargo—y aquí tropezamos con otro gran obstáculo que aparece una y otra vez en las conversaciones que mantengo con estudiantes y docentes—, la fiebre empresarial ha burocratizado el trabajo de los profesores. La insensata multiplicación de reuniones e informes—para ilustrar al detalle programaciones, objetivos, proyectos, itinerarios, talleres...—ha acabado por absorber buena parte de las energías de los profesores, transformando la legítima exigencia organizativa en una nociva hipertrofia de controles administrativos. Cierto que se ha declarado la guerra a la burocracia, pero la tan ansiada simplificación no llega, por desgracia, a las escuelas y universidades. Suministrar documentación, en efecto, parece hoy más importante que preparar una clase. Se olvida que un buen docente es ante todo un estudiante infatigable. Un buen profesor—pensemos en las disciplinas humanísticas—, para implicar a sus jóvenes interlocutores, debe necesariamente partir de una obra: sin un texto literario, un cuadro o un fragmento musical difícilmente conseguirá suscitar la atención del auditorio. Repetir pasivamente a los alumnos informaciones extraídas de los manuales no sirve para nada.

10. LA BUROCRATIZACIÓN Y LOS SISTEMAS DE EVALUACIÓN

La tarea principal de la escuela—y también de los estudios universitarios—debería ser ante todo hacer entender a los jóvenes que no se acude al instituto o a la escuela de hostelería para conseguir un mero diploma, que uno no se matricula en la universidad exclusivamente para obtener un título. Sería un gravísimo error considerar a los estudiantes como «clientes» de una empresa que expide los «títulos» que tienen demanda en el mercado laboral. La asistencia a un instituto o a un centro universitario debería considerarse sobre todo como una gran ocasión para aprender y para intentar hacerse mejor. Además, quien se hace mejor acaba superando con óptimos resultados las necesarias pruebas impuestas por los itinerarios escolares. Confundir el efecto secundario (el pedazo de papel) con el objetivo principal (la adquisición de un saber crítico que nos ayude a convertirnos en mujeres y hombres capaces de emitir un juicio autónomo) significa perder de vista la función universal de la instrucción y el horizonte civil en el cual debería inscribirse.

Por desgracia, sin embargo, y pese a las continuas referencias formales a la educación para la ciudadanía, la escuela parece hoy marchar en otra dirección. Los actuales (y necesarios) sistemas de evaluación—y aquí rozo otro tema de vital importancia—no tienen en cuenta parámetros que deberían valorarse. Me limitaré a plantear algunos ejemplos italianos que, probablemente, podrán servir también para otros países europeos. Si en una escuela del Véneto un profesor es capaz de hacer entender a sus alumnos que ofender a un inmigrante o a un ministro de la República por el color de su piel es una gravísima manifestación de racismo e ignorancia; si un profesor de una escuela de Calabria o de Sicilia es capaz de hacer entender a sus alumnos que no puede considerarse «hombre de honor» al mafioso que trafica con cocaína o que extorsiona a los comerciantes (el *pizzo*); si un profesor de una escuela de Emilia Romaña o de Lombardía es capaz de hacer entender a sus alumnos que un ejecutivo que rapiña los presupuestos de su empresa para hinchar ilícitamente sus cuentas ocultas en paraísos fiscales es un peligroso delincuente porque pone en peligro el futuro de miles de familias; si un profesor de una escuela del Lazio es capaz de hacer entender a sus alumnos que profanar un cementerio judío con consignas que exaltan a Hitler es una acción indigna de un ser humano..., pues bien, estos notables resultados no tienen cabida en los cuestionarios del Invalsi—el Istituto Nazionale per la Valutazione del Sistema dell'Istruzione, nacido en Italia en conformidad con otros institutos que operan en la comunidad europea—para «medir» el trabajo desarrollado en las escuelas. Pero al excluir aspectos que son fundamentales en la formación, se podría correr el riesgo (como ya sucede de una manera más evidente en las disciplinas científicas) de restringir los objetivos de la enseñanza a la simple superación de las pruebas evaluadoras.

11. FORMAR «HEREJES» Y NO POLLOS
DE ENGORDE

Naturalmente, habría mucho más que decir. Pero la escuela, y también la universidad, deberían sobre todo educar a las nuevas generaciones para la *herejía*, animándolas a tomar *decisiones* contrarias a la ortodoxia dominante. En vez de formar pollos de engorde criados en el más miserable conformismo, habría que formar jóvenes capaces de traducir su saber en un constante ejercicio crítico.

En el aula de un instituto o de un centro universitario, un estudiante todavía puede aprender que con el dinero se compra todo (incluyendo parlamentarios y juicios, poder y éxito) pero no el conocimiento: porque el saber es el fruto de una fatigosa conquista y de un esfuerzo individual que nadie puede realizar en nuestro lugar. El acto mismo de la enseñanza puede revelarse, en efecto, como una forma de resistencia a las leyes del mercado y del beneficio: si en una transacción comercial hay siempre una pérdida y una ganancia (si compro una pluma, gano la pluma y pierdo el dinero; el comerciante, por su parte, gana el dinero y pierde la pluma), en una «transacción» intelectual un docente puede enseñar la fórmula de la relatividad de Einstein sin perderla, dando vida a un proceso virtuoso en el cual se enriquece al mismo tiempo quien recibe y quien da (¡cuántas veces, en clase, la observación de un estudiante o un silencio elocuente han resultado preciosos para el profesor!).

El conocimiento, como recuerda con un bellísimo ejemplo el gran dramaturgo y premio Nobel irlandés George Bernard Shaw, puede compartirse de manera que todos los protagonistas se hagan cada vez más ricos. Tratemos de imaginar a dos estudiantes de cualquier instituto europeo que salen de casa con una manzana cada uno y después, al llegar a clase, se intercambian las manzanas: cada uno volverá a casa con una sola manzana. Pero si los mismos estudiantes llegaran al instituto cada uno con una idea y se la intercambiaran, en este caso, al despedirse, los dos habrían adquirido una idea más.

12. NIETZSCHE: ELOGIO DE LA LENTITUD Y DE LA FILOLOGÍA

De la misma manera, en las aulas de un instituto o de un centro universitario, un estudiante debería poder aprender que —contrariamente a lo que predican los gurús de la velocidad y de la hegemonía del *fast* en cualquier ámbito de nuestra vida— el aprendizaje requiere lentitud, reflexión, silencio, recogimiento. Por este motivo, en tiempos tan difíciles, el elogio de la lentitud y de la filología tejido por Friedrich Nietzsche constituye un valioso bálsamo. En el prólogo, publicado en 1886, de la recopilación de aforismos titulada *Aurora* (1881) —en la cual Nietzsche, en 575 fragmentos, nos hace reflexionar sobre la ilusión de los valores morales, sobre los prejuicios y las hipocresías generadas por el conformismo cristiano-burgués—, el filósofo se excusa por el gran retraso con el que aparece su nota introductoria:

Este prólogo llega tarde, aunque no demasiado; ¿qué son, a fin de cuentas, cinco o seis años? Un libro como éste, un problema como éste, no tiene ninguna prisa; además, tanto yo como mi libro somos amigos del *lento*. No por nada ha sido uno filólogo, y tal vez aún lo sea, esto es, maestro de la lectura lenta: al final acaba uno escribiendo también lentamente.

Nietzsche se presenta a sus lectores bajo el ropaje de un topo que «horada, excava, socava» para ir «avanzando con lentitud y sensatez, suave pero inflexible», guiado por la esperanza de poder salir de las tinieblas para alcanzar «la mañana, la redención, la *aurora*». Bajar a las profundidades sirve para «socavar la *confianza* que tenemos *en la moral*»: durante siglos, en efecto, convencidos de haber edificado sobre «el suelo más firme», hemos estado construyendo, sin embargo, sobre bases líquidas y móviles, asistiendo, cada vez, al derrumbe de «todos los edificios construidos». Así, «a martillazos», Nietzsche derriba normas y conceptos basados en lugares comunes ya consolidados. Y al hacerlo, sin embargo, expresa una infinita pasión por el saber, por la «lentitud» y por la trabajosa «excavación filológica» que todo ejercicio crítico presupone:

Y es que la filología es ese arte venerable que exige ante todo una cosa de quienes la admiran y respetan: situarse al margen, tomarse tiempo, aprender la calma y la lentitud, al ser el arte y el saber del orfebre de la *palabra*, que ha de realizar un trabajo delicado y cuidadoso y nada logra si no es con tiempo de *lento*.

La pericia de los «orfebres de la palabra» «es hoy más necesaria que nunca»:

... justo por eso [...] nos atrae y nos fascina, en una era que es la del «trabajo», quiero decir: la de la precipitación, la de la prisa indecente y sudorosa que pretende «acabarlo» todo de inmediato, incluso un libro, sea nuevo o viejo.

La filología—cuyos límites denuncia también el filósofo cuando se convierte en puro ejercicio académico, en abstracto tecnicismo, en incapacidad para conjugar el detalle con lo universal, en estéril despliegue de erudición—es, en su acepción más alta (fruto del entrelazamiento con la filosofía, el arte y la vida), educación para la profundidad: «enseña a leer *bien*, es decir, lenta, profunda, respetuosa, cuidadosamente, con cierta malicia y con las puertas siempre abiertas, con sensibilidad en la mirada y en el tacto».

Y al esfuerzo del autor, que había empezado justamente como profesor de filología clásica, debe también corresponder el esfuerzo del lector («este libro sólo desea lectores y filólogos perfectos: ¡*aprended* a leerme bien!»). Pero, en la era de la superficialidad y de la rapidez, en un tiempo en el que las disciplinas filológicas están cada vez más marginadas en los currículos universitarios, el camino de la filología y de la lentitud podría acabar comportando esa misma «soledad» que Nietzsche había denunciado en su prólogo: «Pues quien transita por tales caminos propios no encuentra a nadie». Renunciar a la filología, renunciar a la lentitud, renunciar a los saberes humanísticos, significa renunciar al ejercicio de la crítica y a la búsqueda de la propia libertad.

13. ALGO MÁS QUE UNA CRISIS: EVASIÓN
FISCAL Y CORRUPCIÓN. ¡HAY DINERO...!

Por tales motivos, se hace cada vez más necesario partir de nuevo de la escuela y de la educación de los jóvenes. Y no son creíbles los gobiernos que recortan la financiación de la enseñanza o que proponen reformas a coste cero. La crisis económica es una ridícula hoja de parra. En un país como Italia—el discurso puede valer para otros países europeos—en el que la corrupción cuesta alrededor de sesenta mil millones de euros al año y en el que la evasión fiscal alcanza cifras exorbitantes (unos ciento veinte mil millones), no hay coartada para justificar el hachazo que puntualmente se abate sobre la enseñanza (escuelas y universidades), sobre la investigación científica de base (cada vez más sujeta a los condicionamientos de multinacionales e industrias privadas) y sobre las instituciones culturales más importantes (bibliotecas, archivos, museos, institutos de conservación, teatros...). ¿No debería considerarse una locura, por citar otro ejemplo asombroso, poner en duda la enseñanza de la historia del arte en un país como Italia, que cuenta entre sus singularidades con uno de los patrimonios monumentales y artísticos más ricos del mundo?

Invertir en enseñanza y en cultura significa educar a los jóvenes en el respeto a la justicia, en la solidaridad humana, en la tolerancia, en el rechazo de la corrupción, en la democracia, con el fin de mejorar además el crecimiento económico y civil del país: independientemente de los frutos que puedan derivarse del conocimiento mismo, ¿de cuántos mayores recursos no podría disponer el Estado si hubiera más ciudadanos de bien capaces de oponerse a la corrupción y a la evasión fiscal? En efecto, para combatir la corrupción y la evasión fiscal no basta sólo con buenas leyes: se precisa tener una buena escuela y una buena universidad, se precisa formar estudiantes y ciudadanos capaces de amar el bien común y de oponerse a esa lógica del beneficio por el beneficio que ha desatado en el mundo un egoísmo galopante.

14. «LOS BUDDENBROOK» DE THOMAS MANN Y EL «DIESELGATE» DE VOLKSWAGEN

Un egoísmo que, cuando se conjuga con una rapaz avidez, puede tener consecuencias desastrosas, particularmente en el mundo de las empresas. El imperativo de lograr el máximo beneficio en el tiempo más breve empuja a los ejecutivos de las grandes empresas a perder de vista toda regla moral. El escándalo que ha sacudido recientemente a la firma Volkswagen puede considerarse ejemplar. Desde hace unos meses—a causa del *software* ilegal instalado en los coches diésel para medir las emisiones contaminantes—una de las mayores industrias automovilísticas del mundo vive una crisis sin precedentes: las pérdidas previstas, derivadas de las multas y las demandas por daños y perjuicios, podrían poner en peligro el futuro mismo de la empresa.

Sin embargo, habría bastado con leer las espléndidas páginas que Thomas Mann dedica a las vicisitudes de la familia Buddenbrook de Lübeck para entender la sutil interrelación entre negocios e integridad moral (véase más adelante p. 64). Durante las celebraciones del centenario de la compañía—que había sido fundada el 7 de julio de 1768—, el cónsul Thomas recibe como regalo de su hermana Antonie, figura central del relato «los retratos de los cuatro dueños de la Casa Johann Buddenbrook» con la inscripción de la máxima que había inspirado las decisiones del abuelo y del padre: «Y, por encima de todo aquello, en unas altas letras góticas que imitaban la caligrafía de quien la había legado a las generaciones venideras, se leía aquella célebre máxima: "Hijo mío, atiende con placer tus negocios durante el día, pero emprende sólo los que te permitan dormir tranquilo durante la noche"». Falsear balances y trucar *software* para obtener rápidos beneficios significa tomar un camino sin salida que puede conducir, en muy poco tiempo, a la total destrucción de una gran empresa y de un inmenso patrimonio. Ahora habrá que ver quién pagará las consecuencias de estas funestas decisiones. Por desgracia, las nubes de los despidos se ciernen ya sobre las fábricas alemanas.

15. ¿PUEDE EXISTIR EUROPA
SIN SOLIDARIDAD?

Pero es posible que la avidez y el egoísmo orienten negativamente no sólo las decisiones individuales sino también las políticas. Baste pensar en la mezquindad de un Parlamento Europeo en el cual la solidaridad—que debería inspirar todas sus decisiones—es pisoteada cada día en nombre de los intereses particulares de tal o cual nación. Han sido precisos miles de muertos en el Mediterráneo para hacer entender a Europa que el dramático problema de los inmigrantes en busca de dignidad humana y de medios de vida no es una cuestión exclusivamente italiana o griega. Ha sido precisa la trágica fotografía de un policía turco, en una playa, sujetando el cuerpecillo exánime de un niño sirio ahogado para conmover a nuestros indiferentes políticos. Han sido precisos centenares y centenares de prófugos marcados en los brazos con números, como animales, en la frontera de la República Checa para impulsar a algunos gobiernos europeos a reaccionar contra una inhumanidad que recuerda el pavoroso genocidio nazi de los judíos, una de las páginas más oscuras de la historia.

De igual manera, la delicada cuestión de la reestructuración de la deuda griega no es sólo un problema para Grecia, sino un problema más amplio que concierne también a Italia, España, Portugal y otros países. Ciertamente, no puede atribuirse toda la culpa a la crisis económica: nadie pretende ignorar—lo he recordado antes—la responsabilidad de una clase política corrupta que durante largas décadas ha derrochado y robado el dinero público. Pero ahora, ¿estamos seguros de que la «cura» impuesta por Europa devolverá la salud al cuerpo enfermo de Grecia, Italia y tantos otros países que sufren? ¿Estamos seguros de que es justo hacer pagar la crisis a las clases más débiles y a la misma clase media, destinada ya a desaparecer? ¿Estamos seguros de que el «derecho a tener derechos» (por citar una bellísima expresión de Hannah Arendt) debe subordinarse cada vez más al dominio del mercado, a riesgo de abolir cualquier forma de respeto por la persona y por la dignidad humana? ¿Cómo será posible reactivar una economía ya debilitada si el dinero que Europa presta a los Estados en dificultades sólo sirve, en su mayor parte, para pagar los intereses de las deudas contraídas? ¿Con qué financiación se relanzarán las actividades productivas?

Y más grave aún: ¿es moralmente creíble una Europa que impone a Grecia, bajo la presión de Alemania, la venta de sus empresas estatales y que, después, considera normal el hecho de que precisamente una empresa pública alemana compre a precio de saldo todos los aeropuertos griegos? ¿Cómo es posible ignorar un conflicto de intereses tan evidente? ¿Cómo pueden exigirse continuos sacrificios a los ciudadanos europeos cuando nuestro Parlamento no es capaz de hacer una ley que imponga a las multinacionales pagar los impuestos en los países en los que venden sus productos y que haga más difícil la evasión fiscal de estas grandes y poderosas empresas?

Sin solidaridad entre las naciones no puede existir una verdadera Europa. Basta con releer un pensamiento de Montesquieu—que figura también en este pequeño volumen (p. 154)—para darnos cuenta del inmenso error que estamos cometiendo:

Si supiera alguna cosa que me fuese útil y que resultara perjudicial para mi familia, la expulsaría de mi mente. Si conociera alguna cosa útil para mi familia, pero que no lo fuese para mi patria, trataría de olvidarla. Si conociera alguna cosa útil para mi patria, pero perjudicial para Europa, o útil para Europa y dañina para el género humano, la consideraría un crimen.

La política basada en el exclusivo interés de cada Estado singular no produce buenos resultados ni en el plano económico ni en el social. No es un azar que durante estos años hayamos visto proliferar viejos y nuevos partidos que, aprovechándose del sufrimiento generalizado, fomentan la guerra entre los pobres, reactivando intolerables formas de localismos, egoísmos y racismos, con el exclusivo propósito de satisfacer demagógicas ambiciones electoralistas. Que los gobiernos cumplan, pues, su parte. Que los docentes reencuentren, con un arranque de orgullo, el entusiasmo y la motivación necesarios para cumplir una función educativa que no puede considerarse el banal ejercicio de una «profesión». Y que los padres piensen más en la formación que en la futura cuenta bancaria de sus hijos. Frenando la deriva utilitarista y empresarial, ayudaremos a nuestros estudiantes a entender mejor que el conocimiento no debe abrazarse para ganar dinero, sino ante todo para ayudarnos a convertirnos en mujeres y hombres libres, capaces de rebelarnos contra los egoísmos del presente para tratar de hacer que la humanidad sea más humana.

Es preciso partir de los clásicos, de la escuela, de la universidad, de aquellos saberes injustamente considerados inútiles (la literatura, la filosofía, la música, el arte, la investigación científica de base) para formar a las nuevas generaciones de ciudadanos. Porque, como recordaba Giordano Bruno en un bellísimo pasaje del *Candelero*, todo depende del primer botón: abrocharlo en el ojal equivocado significará, irremediablemente, seguir cometiendo error tras error.

BIBLIOGRAFÍA

1.

El poema de Borges puede leerse completo en: JORGE LUIS BORGES, *Obra poética. 1923-1985*, Buenos Aires, Emecé, 1998, pp. 359-360.

3.

MICHEL DE MONTAIGNE, *Los ensayos* [III, 13], edición y trad. de J. Bayod Brau, Barcelona, Acantilado, 2007, p. 1596. Véase *id.*, *Saggi*, trad. de Fausta Garavini revisada y corregida, André Tournon, Milán, Bompiani, 2012, pp. 1988-1989: «*Il y a plus affaire à interpréter les interprétations qu'à interpréter les choses: Et plus des livres sur les livres, que sur autre sujet: Nous ne faisons que nous entregloser. Tout fourmille de commentaires, d'auteurs il en est grand cherté*».

GEORGE STEINER, *Lecciones de los maestros*, trad. de María Condor, Madrid, Siruela, 2004, p. 173. En defensa de los clásicos, contra la invasión de la literatura secundaria, George Steiner ha escrito páginas fundamentales: véanse al menos los volúmenes *Presencias reales*, trad. de Juan Gabriel López Guix, Barcelona, Destino, 1991; *Pasión intacta*, trad. de Menchu Gutiérrez y Encarna Castejón, Madrid, Siruela, 1997; y *La poesía del pensamiento*, trad. de María Condor, Madrid, Siruela, 2012.

4.

Sobre la relación entre enseñanza y «arte de vivir», véase EDGAR MORIN, *Enseñar a vivir. Manifiesto para cambiar la educación*, trad. de Núria Petit Fontserè, Barcelona, Paidós, 2016. Sobre la relación entre literatura y vida, véanse también las interesantes reflexiones de GIULIO FERRONI, *La scuola impossibile*, Roma, Salerno, 2015.

5.

Sobre las relaciones entre Albert Camus y Louis Germain, véase OLIVIER TODD, *Albert Camus: una vida*, trad. de Mauro Armiño, Barcelona, Tusquets, 1997, pp. 34-39.

Las dos cartas citadas pueden leerse en ALBERT CAMUS, *El primer hombre*, trad. de Aurora Bernárdez, Barcelona, Tusquets, 1997, pp. 295-299.

Id., *Discurso de Suecia*, en *Obras, 5*, ed. de José María Guelbenzu, trad. de Miguel Salabert, Madrid, Alianza, 1996, pp. 159-169.

6.

ADOLFO SCOTTO DI LUZIO, *Senza educazione. I rischi della scuola 2.0*, Bolonia, il Mulino, 2015, pp. 69-70 y p. 72.
ROBERTO CASATI, *Elogio del papel. Contra el colonialismo digital*, trad. de Jorge Paredes, Barcelona, Ariel, 2015, p. 108 (sobre la diferencia entre «información» y «conocimiento», en particular p. 101).

7.

Sobre las inversiones coreanas en ciencias humanas, véase KI-DONG SONG, «La promotion des sciences humaines en Corée», en *Diogène*, n.º 237 (2012/1), pp. 149-163.
EDMUND S. PHELPS, «Teaching Economic Dynamism», en *Project Syndicate*, 2 de septiembre de 2014 (el artículo puede leerse en internet; también en traducción castellana, con el título de «Educar para el dinamismo económico»). La intervención del premio Nobel de economía Phelps es oportunamente citada en el hermoso libro de Dario Antiseri y Alberto Petrucci, *Sulle ceneri degli studi umanistici. Orde di servi alla frusta di nuovi barbari*, Soveria Mannelli, Rubbettino, 2015, p. 6.

8.

Sobre la salvaguardia y el uso cultural y civil del patrimonio artístico (y contra las tentativas de privatizar la gestión de los bienes culturales), véanse las valiosas contribuciones de SALVATORE SETTIS: *Italia S.p.A. L'assalto al patrimonio culturale*, Turín, Einaudi, 2002; *Battaglie senza eroi. I beni culturali tra istituzioni e profitto*, Milán, Electa, 2005; *Paesaggio Costituzione cemento. La battaglia per l'ambiente contro il degrado civile*, Turín, Einaudi, 2010; *Azione Popolare. Cittadini per il bene comune*, Turín, Einaudi, 2012; y de TOMASO MONTANARI: *Le pietre e il popolo. Restituire ai cittadini l'arte e la storia delle città italiane*, Roma, Minimum Fax, 2013; *Privati del patrimonio*, Turín, Einaudi, 2015.
La intervención de las grandes potencias en defensa del patrimo-

nio artístico ha sido evocada también en varias intervenciones públicas por Vittorio Sgarbi.

9.

Sobre la deriva empresarial de la enseñanza y sobre los estudiantes degradados a clientes, véase también NUCCIO ORDINE, *La utilidad de lo inútil*, Barcelona, trad. de Jordi Bayod, Barcelona, Acantilado, 2015.

12.

FRIEDRICH NIETZSCHE, *Aurora. Pensamientos acerca de los prejuicios morales*, prefacio y trad. de Jaime Aspiunza, en *Obras completas*, vol. III, *Obras de madurez I*, ed. dirigida por Diego Sánchez Meca, Madrid, Tecnos, 2014, pp. 483-489.

15.

Sobre la gradual pérdida de derechos y sobre la frase de Hannah Arendt, véase el bellísimo ensayo de STEFANO RODOTÀ, *Il diritto di avere diritti*, Roma-Bari, Laterza, 2012.

16.

«Quien falla al abrochar el primer botón | ni el mediano ni el último adivina» («Chi falla in appuntar primo bottone, | né mezzani né l'ultimo indovina»), véase GIORDANO BRUNO, *Candelero*, trad. de M. Á. Granada, inédita; original italiano en *id.*, *Opere italiane*, textos críticos de Giovanni Aquilecchia, coordinación general de N. Ordine, Turín, UTET, vol. I, p. 409.

CLÁSICOS PARA LA VIDA

«CIUDADELA»

ANTOINE DE SAINT-EXUPÉRY

(1900-1944)

Ne confonds point l'amour avec le délire de la possession, lequel apporte les pires souffrances. Car au contraire de l'opinion commune, l'amour ne fait point souffrir. Mais l'instinct de propriété fait souffrir, qui est le contraire de l'amour.

•

No confundas el amor con el delirio de la posesión, que causa los peores sufrimientos. Porque, al contrario de lo que suele pensarse, el amor no hace sufrir. Lo que hace sufrir es el instinto de la propiedad, que es lo contrario del amor.

LA POSESIÓN MATA EL AMOR

En una bellísima página de *Ciudadela*, Antoine de Saint-Exupéry nos habla de manera simple y directa de cómo el delirio posesivo puede matar el amor. Se trata de una obra inacabada aparecida póstumamente, en la cual el autor, bajo el ropaje de un sabio príncipe del desierto, nos ofrece un diario personal íntimo. Por medio de pensamientos y visiones interiores, el protagonista reflexiona sobre las relaciones humanas, el sentido de la vida, la búsqueda de la divinidad. Y, dentro de tal mezcolanza, el tema del amor ocupa un lugar relevante. Con independencia de sus posibles implicaciones místicas, el fragmento que he elegido invita a distinguir entre amor y posesión. El primero se identifica con el don de uno mismo, con un lazo basado exclusivamente en el altruismo. El segundo, por el contrario, configurándose como un mísero egoísmo, implica afán de dominio, control total del otro. A la gratuidad del darse se le opone la obsesión del poseer. Y aunque los dos extremos a veces se contaminan, es evidente que el considerar al otro como algo que te pertenece, como algo tuyo, no sólo mata el amor. Todos los días, por desgracia, en cualquier rincón del mundo, muchas mujeres son asesinadas por hombres que se creen propietarios del cuerpo, e incluso de la vida, de sus esposas y sus novias. Pero esta brutal violencia no puede confundirse con el amor: es sólo delirio de posesión...

12 de septiembre de 2014

«EL MERCADER DE VENECIA»
WILLIAM SHAKESPEARE
(1564-1616)

The man that hath no music in himself,
Nor is not moved with concord of sweet sounds,
Is fit for treasons, stratagems, and spoils,
The motions of his spirit are dull as night
And his affections dark as Erebus:
Let no such man be trusted. Mark the music.

•

El hombre que no tiene música en sí mismo y no se mueve por la concordia de dulces sonidos está inclinado a traiciones, estratagemas y robos; las emociones de su espíritu son oscuras como la noche, y sus afectos, tan sombríos como el Érebo: no hay que fiarse de tal hombre. ¡Atiende a la música!

¡ATIENDE A LA MÚSICA!

En el reino de Belmonte, imaginado por Shakespeare en *El mercader de Venecia*, el dinero y las joyas carecen de importancia: el canto de los pájaros y la belleza natural son el verdadero tesoro. No es un azar que Porcia, señora de esta «isla» mágica, se convierta en la esposa del pretendiente que—entre las tres arquetas dispuestas por el padre de la bella heredera: una de oro, otra de plata y otra de plomo—elige la más humilde, la desprovista de todo valor externo. Las leyes del beneficio y la usura que rigen en Venecia están aquí radicalmente subvertidas. Quien se conmueve escuchando una «concordia de dulces sonidos» puede defenderse con mayor facilidad de la tentación de ceder a «traiciones, estratagemas y robos». Pero quien «no tiene música en sí mismo», quien carece de un corazón capaz de vibrar («las emociones de su espíritu son oscuras como la noche»), será presa fácil de la avidez de ganancias («no hay que fiarse de tal hombre»). La exhortación de Lorenzo («¡Atiende a la música!») constituye una invitación a buscar la esencia de la vida en aquellas actividades que pueden ennoblecer el espíritu, que pueden ayudarnos a hacernos mejores, que privilegian la esencia sobre la apariencia, el ser sobre el tener. Sin duda, la música es una de ellas. El segundo movimiento de *Kol Nidrei* de Max Bruch o el último de los *Vier letzte Lieder* de Richard Strauss o, por qué no, una canción de Franco Battiato son ocasiones que se nos ofrecen. Depende de nosotros, sólo de nosotros, saber aprovecharlas...

19 de septiembre de 2014

«EL MERCADO DE PIAZZA NAVONA»

GIUSEPPE GIOACHINO BELLI

(1791-1863)

Ch'er mercordí a mercato, gente mie,
ce siino ferravecchi e scatolari,
rigattieri, spazzini, bicchierari,
stracciaroli e tant'antre marcanzie,

nun c'è gnente da dí. Ma ste scanzie
da libbri, e sti libbracci, e sti libbrari,
che ce vienghen'a fà? cosa c'impari
da tanti libbri e tante libbrarie?

Tu pija un libbro a panza vòta, e doppo
che l'hai tienuto pe quarch'ora in mano,
dimme s'hai fame o s'hai magnato troppo.

Che predicava a la Missione er prete?
«Li libbri nun zò robba da cristiano:
fiji, pe' carità, nu li leggete».

•

Que en el mercado se hallen cada miércoles
traperos, vendedores de tabaco,
anticuarios, merceros, alfareros,
quincalleros de género variado,

no lo discuto; pero los estantes
de libros, y los libracos y libreros,
¿para qué están allí? ¿Qué es lo que aprendes
de tanto libro y tantos anaqueles?

Tú coge un libro en ayunas y luego
de tenerlo en la mano varias horas
dime si sientes hambre o si estás lleno.

¿Qué predicaba el cura en la Misión?:
que «los libros no son para cristianos,
¡no los leáis, por el amor de Dios!».

LOS LIBROS NO SON PARA CRISTIANOS

El gran poeta Belli—en uno de sus 2279 sonetos en roma-
nesco, de los que publicó muy pocos en vida—imagina una
visita al mercado de piazza Navona, donde, cada miércoles,
se reúnen vendedores de todo tipo («Que en el mercado se
hallen cada miércoles | traperos, vendedores de tabaco, | an-
ticuarios, merceros, alfareros, | quincalleros de género varia-
do, | no lo discuto»). Entre ellos, sin embargo, suscita estu-
por la presencia de los libros y de los libreros que los venden:

> Pero los estantes
> de libros, y los libracos y libreros,
> ¿para qué están allí? ¿Qué es lo que aprendes
> de tanto libro y tantos anaqueles?

Mientras que resulta evidente el uso que puede hacerse
de un vaso, de una tabaquera, de cualquier utensilio, es difí-

cil entender para qué sirven los libros. Desde luego, no para satisfacer el hambre, dado que tenerlos a mano «en ayunas» no llena el estómago. De hecho, tratar con «libros», «libracos» y «libreros» no ayuda a resolver los problemas de la vida cotidiana. Lo mejor, por lo tanto, es olvidarse de ellos, no perder el tiempo leyéndolos. Y en las palabras del clérigo («los libros no son para cristianos, | ¡no los leáis, por el amor de Dios!»), el poeta cifra la vieja hostilidad de los detentadores del poder hacia la cultura y el conocimiento: dejar al pueblo en la ignorancia lo hace todo más fácil. En suma, «con la cultura no se come». Pero estos personajes olvidan que si no se nutre tanto el espíritu como el cuerpo, no habrá futuro para la humanidad: «¡Hombres del porvenir, ya estáis jodidos! [*Ommini da venì, sete futtuti*]», para decirlo de nuevo con Belli (pp. 42-43).

26 de septiembre de 2014

«CARTAS SOBRE LA LOCURA DE DEMÓCRITO»

HIPÓCRATES

(c. 460-c. 370 a. C.)

Οἰκτρός γε ὁ τῶν ἀνθρώπων βίος, ὅτι δι᾽ ὅλου αὐτοῦ ὡς πνεῦμα χειμέριον ἡ ἀφόρητος φιλαργυρίη διαδέδυκεν, ἐφ᾽ ἣν εἴθε μᾶλλον ἅπαντες ἰητροὶ ξυνήεσαν ἐλθόντες ἀποθεραπεῦσαι χαλεπωτέρην μανίης νοῦσον, ὅτι καὶ μακαρίζεται νοῦσος ἐοῦσα καὶ κακοῦσα.

•

La vida humana es ciertamente una cosa miserable: la atraviesa como un viento tempestuoso una incontenible avidez de ganancias. ¡Ojalá todos los médicos se unieran en su contra para curar una dolencia que es más grave que la locura, pues la solemos considerar una bendición siendo como es una enfermedad y causa de numerosos males!

LA INCONTENIBLE AVIDEZ DE GANANCIAS ES UNA GRAVE ENFERMEDAD

En una fascinante colección de cartas en torno a la locura del filósofo Demócrito atribuidas a Hipócrates, el célebre médico reflexiona también sobre su profesión. Se trata de «un arte liberal» que exige, en primer lugar, ser ejercido «liberalmente»: «Quienes piden una retribución —escribe Hipócrates—someten su saber a servidumbre, como si lo esclavizaran, mientras que antes se expresaba libremente». Y quien ejerce como médico con el único objetivo de obtener beneficios está siempre dispuesto «a mentir, fingiendo que se trata de una enfermedad grave, o a minimizar, fingiendo que es poca cosa». Entre las muchas enfermedades, la más grave es en definitiva la «incontenible avidez de ganancias», porque no se la considera como tal. Más aún, es «una dolencia» que gran parte de la humanidad suele tomar incluso como «una bendición». Por ello, «todos los médicos» deberían unirse para curar un trastorno «más grave que la locura». Son palabras que deberían hacer reflexionar sobre todo a los jóvenes que estudian medicina impulsados exclusivamente por el deseo de abrazar una profesión prometedora de ganancias. Naturalmente, la provocación de Hipócrates no debe tomarse al pie de la letra. Pero hacerse médico pensando sólo en la cuenta bancaria significa empezar con mal pie: será difícil curar bien a un ser humano si se sufre esta gravísima dolencia. No hay cosa peor, para la propia dignidad y para la ajena, que considerar a los pacientes como clientes indefensos, como fuentes de beneficio.

3 de octubre de 2014

«ORLANDO FURIOSO»
LUDOVICO ARIOSTO
(1474-1533)

Omero Agamennòn vittorïoso
e fe' i Troian parer vili e inerti;
e che Penelopea fida al suo sposo
dai Prochi mille oltraggi avea sofferti.
E, se tu vuoi che 'l ver non ti sia ascoso,
tutta al contrario l'istoria converti:
che i Greci rotti, e che Troia vittrice,
e che Penelopea fu meretrice.

•

Pintó triunfante a Agamenón Homero
y a los troyanos viles y apocados,
y a Penélope, fiel a su marido,
sufriendo mil ultrajes de los procos.
Pero si quieres la verdad desnuda,
entonces vuelve del revés la historia:
Grecia vencida, Troya vencedora
y, en fin, que fue Penélope una zorra.

VERDAD Y MENTIRA: CUANDO AL POETA
LO PAGAN LOS PODEROSOS

En el canto xxxv de *Orlando furioso*, Astolfo se encuentra
en la luna con la misión de recuperar el juicio perdido de

Orlando. En compañía de san Juan, el paladín asiste a una serie de escenas alegóricas que aluden a la función eternizadora de la poesía: los verdaderos poetas pueden inmortalizar a los seres humanos sustrayéndolos del olvido del río Leto. En este punto, Ariosto introduce un comentario sobre la relación entre poesía y mentira: los señores, efectivamente, pagan a los poetas para poder vencer la furia destructora del tiempo. Así pues, la literatura narra muy a menudo embustes bien retribuidos por los poderosos: Homero muestra a los troyanos «viles y apocados» y a Penélope víctima de los ultrajes de los procos, mientras que Augusto donó «palacios» y «villas» a los escritores para ocultar las proscripciones infligidas a numerosos romanos («no fue tan santo ni benigno Augusto | como la trompa de Virgilio canta»). Y san Juan mismo no esconde que el hijo de Dios («deseo fue de mi alabado Cristo») le ha concedido el galardón de la vida eterna por haber escrito el Evangelio. El autor invita provocativamente al lector a invertir el sentido de las historias narradas: «Grecia vencida, Troya vencedora | y, en fin, que fue Penélope una zorra». El discurso vale también, por supuesto, para el mismo Ariosto, que dedica su poema a Hipólito de Este. Pero los grandes poetas, aun sirviendo a emperadores o cardenales, son capaces de resolver la contradicción: al denunciar la mentira, el poeta acaba diciendo la verdad.

10 de octubre de 2014

«BANQUETE»
PLATÓN
(*c.* 427-347 a. C.)

Εὖ ἂν ἔχοι, φάναι, ὦ Ἀγάθων, εἰ τοιοῦτον εἴη ἡ σοφία ὥστ᾽ ἐκ τοῦ πληρεστέρου εἰς τὸ κενώτερον ῥεῖν, ἡμῶν ἐὰν ἁπτώμεθα ἀλλήλων, ὥσπερ τὸ ἐν ταῖς κύλιξιν ὕδωρ τὸ διὰ τοῦ ἐρίου ῥέον ἐκ τῆς πληρεστέρας εἰς τὴν κενωτέραν.

•

Estaría bien, Agatón, que la sabiduría fuera una cosa de tal naturaleza que, al ponernos en contacto unos con otros, fluyera de lo más lleno a lo más vacío de nosotros, como fluye el agua en las copas, a través de un hilo de lana, de la más llena a la más vacía.

EL SABER NO ES UN DON,
SINO UNA LABORIOSA CONQUISTA

Platón señala en el *Banquete* la profunda relación que se establece entre *eros* y conocimiento. Al filósofo, en efecto, lo compara con el enamorado: suspendido entre ignorancia y saber, entre pérdida y adquisición, está condenado de por vida a perseguir el objeto de su deseo sin lograr nunca aferrarlo del todo. Como la amada huye del amante, así huye el saber de quien quiere poseerlo en su totalidad. Pero a través de Sócrates, Platón desvela asimismo que la relación entre maestro y discípulo no puede prescindir de la seducción, de una inevitable dimensión «erótica». Una relación que excluye, sin embargo, cualquier forma de automatismo: el saber no puede transmitirse de manera mecánica de un ser humano a otro, como el agua que fluye, a través de un hilo de lana, de una copa llena a otra vacía colocada debajo. El verdadero maestro, suscitando admiración, puede estimular al discípulo a emprender la aventura del conocimiento. Una aventura que—contrariamente a cuanto quieren hacernos creer ciertas pedagogías hedonistas que han arruinado la escuela y la universidad— presupone siempre la necesidad de un esfuerzo que nadie puede realizar en nuestro lugar. El saber, por lo tanto, no es un don, sino una laboriosa conquista. Con dinero puede comprarse todo, pero no el conocimiento. Con un cheque puede incluso adquirirse un diploma o un título en las mejores universidades del mundo. Pero el mero pedazo de papel, sin nuestra plena implicación, no nos permitirá hacernos mejores.

17 de octubre de 2014

«LOS BUDDENBROOK.
DECADENCIA DE UNA FAMILIA»
THOMAS MANN
(1875-1955)

Zu Häupten des Ganzen aber war in hohen gotischen Lettern und in der Schreibart Dessen, der ihn seinen Nachfahren überliefert, der Spruch zu lesen: «Mein Sohn, sey mit Lust bey den Geschäften am Tage, aber mache nur solche, daß wir bey Nacht ruhig schlafen können».

•

Y, por encima de todo aquello, en unas altas letras góticas que imitaban la caligrafía de quien la había legado a las generaciones venideras, se leía aquella célebre máxima: «Hijo mío, atiende con placer tus negocios durante el día, pero emprende sólo los que te permitan dormir tranquilo durante la noche».

EMPRENDE LOS NEGOCIOS
QUE TE PERMITAN DORMIR DE NOCHE

En esta espléndida novela, Thomas Mann recorre la historia de cuatro generaciones de una familia de Lübeck, propietaria de un negocio de cereales. Las cambiantes fortunas de los Buddenbrook representan la parábola de la burguesía mercantil del siglo XIX, marcada por ascensos y declives. En las celebraciones del centenario—la empresa se había fundado el 7 de julio de 1768—el cónsul Thomas recibe como regalo de su hermana Antonie (figura central del relato) «los retratos de los cuatro dueños de la Casa Johann Buddenbrook» y, grabada «en unas altas letras góticas que imitaban la caligrafía de quien la había legado a las generaciones venideras», la máxima que había inspirado las decisiones del abuelo y del padre. Al releer estas palabras, Thomas siente una fuerte desazón. Había conocido, en efecto, el tormento que sigue a un negocio que puede comprometer la integridad moral. Ya el rechazo de su socio Marcus—que «había declinado cualquier responsabilidad y cualquier participación»—lo había puesto sobre aviso. Thomas acaba sumiéndose en el silencio «profundamente avergonzado por aquel momento de debilidad». ¡Quién sabe cómo reaccionarían hoy a la lectura del *motto* de los Buddenbrook los empresarios que, ávidos de ganancias, no dudan en falsear los balances de sus empresas, en corromper, en pisotear la justicia! ¿Sienten vergüenza por su honor o, por el contrario, se acuestan satisfechos pensando en su nutrida cuenta bancaria?

24 de octubre de 2014

«CARTAS»

NICOLÁS MAQUIAVELO

(1469-1527)

Venuta la sera mi ritorno in casa, et entro nel moi scrittoio; et in su l'uscio mi spoglio quella veste cotidiana, piena di fango e di loto, e mi metto i panni reali e curiali; e rivestito condecentemente entro nelle antique corti degli antichi uomini, dove, da loro ricevuto amorevolmente, mi pasco di quel cibo, che solum è mio, e che io nacqui per lui.

Llegada la noche, me vuelvo a casa y entro en mi escritorio; en el umbral me quito la ropa de cada día, llena de barro y de lodo, y me pongo paños reales y curiales. Vestido decentemente entro en las antiguas cortes de los hombres antiguos, donde—recibido por ellos amistosamente—me nutro con aquel alimento que *solum* es mío y para el cual nací.

LOS CLÁSICOS NUTREN LA MENTE

En una célebre carta del 10 de diciembre de 1513, dirigida a Francesco Vettori, Maquiavelo refiere su vida diaria. En el exilio, en la casa de campo de Sant'Andrea, el secretario florentino reparte su tiempo entre la hostería—donde, en compañía de un «posadero [...], un carnicero, un molinero, dos panaderos», se entrega al juego con «mil disputas e infinitos insultos con palabras injuriosas»—y su escritorio. En éste, de noche, Maquiavelo se despoja de «la ropa de cada día» y, vestido con «paños reales y curiales», dialoga con los «hombres antiguos». No se avergüenza «de hablar con ellos y de preguntarles por la razón de sus acciones». Y mientras «ellos con su humanidad [...] responden», el secretario florentino no siente «durante cuatro horas [...] pesar alguno» («Me olvido de toda preocupación, no temo a la pobreza, no me da miedo la muerte: me transfiero enteramente en ellos»). En definitiva, leyendo a los clásicos Maquiavelo se nutre «con aquel alimento que *solum* es mío y para el cual nací». Palabras que podrían servir de advertencia no sólo a los populistas—que, por razones electoralistas, rebajan nuestra existencia a un asunto de mera «barriga»—, sino también a quienes durante estos meses preparan la Expo 2015 de Milán.[1] Reducir el tema de una alimentación buena y sostenible a los simples aspectos económicos y comerciales es un gravísimo error. Ninguna discusión sobre la calidad de los alimentos (nutrir el cuerpo) puede prescindir de una discusión sobre la calidad de la cultura (nutrir la mente). ¡La hostería sin el escritorio sirve para bien poco!

31 de octubre de 2014

---

[1] La Exposición Universal celebrada en Milán entre mayo y octubre de 2015 con el tema «Alimentar el planeta, energía para la vida». (*N. del T.*)

«MEMORIAS DE ADRIANO»
MARGUERITE YOURCENAR
(1903-1987)

Construire, cest collaborer avec la terre: c'est mettre une marque humaine sur un paysage qui en sera modifié à jamais [...] *Fonder des bibliothèques, c'était encore construire des greniers publics, amasser des réserves contre un hiver de l'esprit qu'à certains signes, malgré moi, je vois venir.*

•

Construir es colaborar con la tierra, imprimir una marca humana en un paisaje que se modificará así para siempre [...] Fundar bibliotecas equivalía a construir graneros públicos, amasar reservas para un invierno del espíritu que, a juzgar por ciertas señales y a pesar mío, veo venir.

FUNDAR BIBLIOTECAS
EQUIVALE A CONSTRUIR GRANEROS PÚBLICOS

Releo a menudo *Memorias de Adriano* y encuentro siempre una imagen o una frase capaz de conmoverme hondamente. A través del relato autobiográfico del gran emperador Adriano (76-138), Yourcenar (la primera mujer que traspasó el umbral de la Académie Française), además de pintar un extraordinario fresco de la Roma del siglo II, nos ofrece sobre todo una serie de reflexiones acerca del poder, la amistad, la guerra, el amor, la vida, la muerte. El emperador enfermo le escribe a Marco Aurelio una larga carta en la que recorre las etapas más importantes de su existencia. Y en el capítulo titulado «Tellus stabilita»—pocas páginas después de haber recordado que una «parte de nuestros males proviene de que hay demasiados hombres vergonzosamente ricos o desesperadamente pobres»—, Adriano se detiene en la importancia de la construcción («Dragar los puertos era fecundar la hermosura de los golfos»). En este contexto, se refiere al importante papel de las bibliotecas. Fundarlas significa «construir graneros públicos», significa «amasar reservas» contra el «invierno del espíritu». Saquear una biblioteca o dejarla morir es un signo evidente del invierno de los tiempos que estamos viviendo. Baste pensar en el abandono de nuestro patrimonio libresco, en la destrucción programada de la valiosísima Biblioteca de los Girolamini en Nápoles o en el trágico destino de los trescientos mil volúmenes de la biblioteca del Istituto Italiano per gli Studi Filosofici (empaquetados en un almacén de Casoria).

7 de noviembre de 2014

«LOS AÑOS DE APRENDIZAJE DE WILHELM MEISTER»

JOHANN WOLFGANG GOETHE

(1749-1832)

«*Wenn ich gleich selbst—fuhr sie fort—manchmal gern ins Theater gehe, so möchte ich es doch oft verwünschen, da meine häusliche Ruhe durch deine unmäßige Leidenschaft zu diesem Vergnügen gestört wird. Der Vater wiederholt immer wozu es nur nütze sei? Wie man seine Zeit nur so verderben könne?*» […] «*aber um's Himmels willen, Mutter! ist denn alles unnütz, was uns nicht unmittelbar Geld in den Beutel bringt, was uns nicht den allernächsten Besitz verschafft?*».

•

—Aunque yo misma voy a veces al teatro—continuó—, ahora debo maldecirlo, pues tu desmedido apasionamiento por esta afición perturba la tranquilidad de mi hogar. Tu padre me repite siempre: «¿Qué utilidad tiene? ¿Cómo se puede perder así el tiempo?» […]

—Pero, por el amor de Dios, madre, ¿es inútil todo aquello que no llena la bolsa de dinero, todo aquello que no nos procura una posesión inmediata?

¿ES REALMENTE INÚTIL TODO AQUELLO QUE NO NOS PROCURA UN BENEFICIO?

En las páginas iniciales de esta magnífica novela, Goethe desvela el extraordinario amor que Wilhelm siente por las marionetas y por el teatro. El choque entre el protagonista y su padre refleja un conflicto más amplio entre pasión y utilidad, entre idealismo y realismo. Wilhelm no siente ningún interés por el comercio, pero se ve impelido a ocuparse de los negocios familiares. Y así, cuando parte de viaje para recuperar unos créditos, se relaciona con actores y compañías teatrales, frecuenta el mundo de los artistas, de la corte, de la aristocracia, de la burguesía. Y este viaje de formación, en la parte conclusiva, lo lleva a ser miembro de la misteriosa Sociedad de la Torre, una asociación filantrópica. En ella, Wilhelm se da cuenta de que su diletante atracción por el teatro le había ofrecido la oportunidad de cultivar libremente su *curiositas* y de conocer la vida en sus múltiples aspectos. Persiguiendo lo «inútil», el joven aprendiz aprende que nada es más hermoso que ser «útil» a la sociedad: el itinerario pedagógico lo ayuda a elevarse del amor a sus intereses al amor por la humanidad (no por azar Wilhelm se hará médico). El diálogo con su compañero Werner (que desde joven opta por el comercio) pone de manifiesto las diferencias que los separan: «Acabas de encontrar a tu amigo después de mucho tiempo y, acto seguido, empiezas a tratarlo como una mercancía, como un objeto de especulaciones con el que puede obtenerse alguna ganancia» (VIII, I, p. 580). Limitarse a perseguir lo útil, en definitiva, reseca el espíritu. Cultivar lo «inútil» nos ayuda a dar un sentido profundo y noble a la vida.

14 de noviembre de 2014

«TAL VEZ MI ÚLTIMA
CARTA A MEMET»
NAZIM HIKMET
(1902-1963)

Dünyada kiracı gibi değil,
yazlığa gelmiş gibi de değil,
yaşa dünyada babanın eviymiş gibi...
Tohuma, toprağa, denize inan.
İnsana hepsinden önce.

•

No vivas en la tierra
como un inquilino
ni en la naturaleza
al modo de un turista.
Vive en este mundo
cual si fuera la casa de tu padre.
Cree en los granos
en la tierra, en el mar,
pero ante todo en el hombre.

NO VIVAS EN LA TIERRA COMO UN INQUILINO

Con unos versos dirigidos a su hijo («Tal vez mi última carta a Memet»), el gran poeta turco nos hace reflexionar sobre algunos temas esenciales de la vida. Exiliado en Rusia—a causa de sus críticas al dictador Kemal Atatürk, que le habían supuesto, en 1938, una condena a veintiocho años de cárcel—, Hikmet dialoga desde la distancia con Memet («los verdugos | como un muro nos separan»), sintiendo el inminente peligro de la enfermedad («este cochino corazón | me ha hecho una malvada jugarreta | [...] quizá la suerte | no me permitirá volver a verte»). Tras recordar el exilio, a su esposa («tu madre | como la seda fuerte, dulce como la seda») y las consecuencias de la separación («no es fácil educar a un hijo sin su padre»), Hikmet en este «testamento» exhorta a Memet a considerar el mundo como su casa paterna, como algo que merece respeto, que nos pertenece. No es preciso que nos sintamos inquilinos, «ni en la naturaleza | al modo de un turista», extraños a los lugares y (sobre todo) a los seres humanos («Cree en los granos | en la tierra, en el mar, | pero ante todo en el hombre»). Nada es más terrible que la indiferencia, la apatía, el distanciamiento («siente la tristeza | de la rama que se seca | del planeta que se extingue | del animal inválido, | pero siente ante todo la tristeza del hombre»). Mirar desde la distancia la realidad en la que nos hallamos inmersos significa renunciar a vivir la plenitud de la vida. Intentar salvar el mundo, en cambio, significa sobre todo luchar por la libertad:

Tú en nuestra tierra, con tu pueblo
construirás el comunismo.
Con tus ojos lo verás.
Con tus manos lo tocarás.

21 de noviembre de 2014

73

«MENDEL EL DE LOS LIBROS»

STEFAN ZWEIG

(1881-1942)

... Ein kostbares Buch in der Hand haben zu dürfen bedeutete für Mendel, was für einen andern die Begegnung mit einer Frau. Diese Augenblicke waren seine platonischen Liebesnächte. Nur das Buch, niemals Geld hatte über ihn Macht. Vergebens versuchten darum große Sammler [...] ihn für ihre Bibliothek als Berater und Einkäufer zu gewinnen: Jakob Mendel lehnte ab.

•

... el hecho de poder tener un valioso libro entre las manos significaba para Mendel lo que para otros el encuentro con una mujer. Aquellos instantes eran sus noches de amor platónico. Tan sólo el libro, jamás el dinero, tenía poder sobre él. Por eso, los grandes coleccionistas [...] intentaron en vano ganárselo para su biblioteca como consejero [...] Jakob Mendel se negaba.

CEDER AL PODER DE LOS LIBROS
Y NO DEL DINERO

En este breve relato, Zweig narra la historia de un legendario y misterioso judío que dedicaba sus días a los libros, sentado en un rincón del café Gluck de Viena: «Allí, en aquella mesa y sólo en ella, leía sus catálogos y sus libros, tal y como le habían enseñado a hacer en la escuela talmúdica, canturreando en voz baja y balanceándose». Jakob Mendel leía como si estuviera en trance: «Leía con un ensimismamiento tan impresionante que desde entonces cualquier otra persona a la que yo haya visto leyendo me ha parecido siempre un profano». Una vida bajo la insignia de las páginas impresas y de los catálogos («Dejando a un lado los libros, aquel hombre singular no sabía nada del mundo»). Pero al estallar la Primera Guerra Mundial, debido a ciertos formalismos burocráticos sobre su ciudadanía, acaba en la cárcel. Tras dos años sufriendo penalidades en un campo de concentración, Mendel puede regresar a Viena en 1917 con la ayuda de unos respetables coleccionistas. Pero «Mendel ya no era Mendel, como el mundo no era ya el mundo». Tampoco el café Gluck era ya el café Gluck. Mendel, que había vivido pobre en él («El dinero no tenía espacio alguno dentro de su mundo»), es rechazado por el nuevo propietario: «Con los nuevos muebles y la brillante caja registradora de aluminio, Florian Gurtner había adquirido también la grosera mentalidad de aquellos tiempos acaparadores». El antiguo mundo (el libro se publicó en 1929) da paso a una nueva realidad en la que el amante de los libros ya no es considerado un «*miraculum*» sino un «parásito incómodo, inútil».

28 de noviembre de 2014

«EL HACEDOR»
JORGE LUIS BORGES
(1899-1986)

En aquel Imperio, el Arte de la Cartografía logró tal Perfección que el mapa de una sola Provincia ocupaba toda una Ciudad, y el mapa del Imperio toda una Provincia. Con el tiempo, esos Mapas Desmesurados no satisficieron y los Colegios de Cartógrafos levantaron un Mapa del Imperio que tenía el tamaño del Imperio y coincidía puntualmente con él.

SI EL MAPA DEL IMPERIO COINCIDE
CON EL IMPERIO MISMO

En la compilación de prosas y poesías titulada *El hacedor* (1960), Jorge Luis Borges atribuye a un tal Suárez Miranda un fascinante relato sobre un misterioso imperio en el cual el arte de la cartografía había obtenido resultados extraordinarios. Los Colegios de Cartógrafos, en efecto, habían confeccionado mapas tan minuciosos que «el mapa de una sola Provincia ocupaba toda una Ciudad, y el mapa del Imperio toda una Provincia». Pero, con el paso del tiempo, «esos Mapas Desmesurados no satisficieron» la necesidad de perfección de los estudiosos. Y, así, se decidió crear «un Mapa del Imperio que tenía el tamaño del Imperio y coincidía puntualmente con él». A partir de entonces, eliminada cualquier mínima imprecisión, el estudio de la cartografía perdió todo sentido en aquel Imperio en el que se había alcanzado el rigor absoluto, a tal punto que el mapa coincidía con el territorio mismo que tenía que describir. Pero «menos Adictas al Estudio de la Cartografía, las Generaciones Siguientes entendieron que ese dilatado Mapa era Inútil y no sin Impiedad lo entregaron a las Inclemencias del Sol y los Inviernos». Sólo en los «Desiertos del Oeste perduran despedazadas Ruinas del Mapa, habitadas por Animales y por Mendigos». El sentido de este genial relato de Borges está, en parte, implícito en el título: *Del rigor en la ciencia.* Pretender la perfección absoluta mata la investigación. Si el mapa coincide con el Imperio, la ciencia de la cartografía muere: «En todo el País no hay otra reliquia de las Disciplinas Geográficas».

5 de diciembre de 2014

«LA CENA DE LAS CENIZAS»
GIORDANO BRUNO
(1548-1600)

…quantunque non sia possibile arrivar al termine di guadagnar il palio, correte pure, e fate il vostro sforzo, in una cosa de sì fatta importanza, e resistete sin all'ultimo spirto […] *Non solo è degno d'onore quell'uno ch'ha meritato il palio: ma ancor quello e quel altro, ch'a sì ben corso, ch'è giudicato anco degno e sufficiente de l'aver meritato, ben che non l'abbia vinto.*

•

… aunque no sea posible llegar al extremo de ganar el palio, corred sin embargo y haced todo lo que podáis en asunto de tanta importancia, resistiendo hasta el último aliento de vuestro espíritu […] No sólo merece honores el único individuo que ha ganado la carrera, sino también todos aquellos que han corrido tan excelentemente como para ser juzgados igualmente dignos y capaces de haberla ganado, aunque no hayan sido los vencedores.

LO IMPORTANTE NO ES GANAR LA CARRERA, SINO CORRER BIEN

En *La cena de las Cenizas* (1584)—la primera obra en la que se discute la importancia del copernicanismo desde el punto de vista filosófico—, Giordano Bruno refiere su enfrentamiento con los pedantes de Oxford, defensores convencidos del geocentrismo. Tras narrar las desventuras vividas a lo largo del Támesis en su intento por llegar hasta el lugar donde se celebraba la cena, el Nolano aprovecha la ocasión para recordarnos que no existen empresas imposibles y que los objetivos ambiciosos requieren siempre grandísimos esfuerzos: «Porque si tan grande es el esfuerzo no será mediocre el premio». No por azar los «hombres raros, heroicos y divinos pasan por este camino de la dificultad», pues todas « las cosas de valor son difíciles de obtener». Para Bruno, en definitiva, lo importante no es vencer sino ser capaz de correr con dignidad hasta el final, sin detenerse ante los obstáculos. Así, «merece honores» no sólo quien «ha ganado la carrera», «sino también todos aquellos que han corrido tan excelentemente...». La actitud, pues, cuenta más que el resultado. Basta con correr de manera rigurosa y honesta. La victoria no será una verdadera victoria si durante el certamen cometemos acciones desleales o recurrimos a medios y auxilios ilícitos. La fortuna no depende de nosotros, es cierto: podrá ser favorable o desfavorable. Pero el esfuerzo y la honradez, necesarios para alcanzar objetivos ambiciosos, dependen exclusivamente de nuestra voluntad. El empeño por correr una buena carrera—sin escatimar energías ni esfuerzos—nos ayuda siempre a mejorar.

12 de diciembre de 2014

«POESÍAS JUVENILES»
RAINER MARIA RILKE
(1875-1926)

Ich fürchte mich so vor der Menschen Wort.
Sie sprechen alles so deutlich aus:
Und dieses heißt Hund und jenes heißt Haus,
und hier ist Beginn und das Ende ist dort.
[...]
Ich will immer warnen und wehren: Bleibt fern.
Die Dinge singen hör ich so gern.
Ihr rührt sie an: sie sind starr und stumm.
Ihr bringt mir alle die Dinge um.

•

Me aterra la palabra de los hombres.
¡Lo saben expresar todo tan claro!
Y esto se llama *perro*, y eso, *casa*,
y el principio está aquí, y allí está el fin.
[...]
Siempre he de avisar: no os acerquéis.
Me encanta oír las cosas como cantan.
Las tocáis: y ellas están quietas y mudas.
Todos vosotros me matáis las cosas.

En una de sus *Poesías juveniles*, el gran poeta Rainer Maria Rilke pone el acento en la relación entre palabras y cosas. Con mucha frecuencia los hombres acaban enjaulando las cosas en palabras que no sirven para dar cuenta de la riqueza y la complejidad de las realidades evocadas:

> Me aterra la palabra de los hombres.
> ¡Lo saben expresar todo tan claro!
> Y esto se llama *perro*, y eso, *casa*,
> y el principio está aquí, y allí está el fin.

La presunción de definir y clasificar de una vez por todas cualquier objeto nombrado muestra la arrogancia y la pretendida omnipotencia de quien pronuncia palabras que devienen prisiones, lugares en los que se priva a las cosas de vida:

> Me espanta su sentido, su juego con la broma;
> saben cuanto es y cuanto fue:
> no hay montaña para ellos asombrosa; pues ya
> su hacienda y su jardín lindan con Dios.

Rilke, con indignación («Siempre he de avisar: no os acerquéis»), muestra cómo las palabras acaban por levantar un muro infranqueable entre las cosas y quien las observa. Así, los hombres se transforman en otros tantos reyes Midas capaces de inmovilizar y enmudecer cuanto tocan, causando su muerte: «Las tocáis: y ellas están quietas y mudas. | Todos vosotros me matáis las cosas». El poeta, por el contrario, nos invita a saber escuchar las cosas («Me encanta oír las cosas como cantan»), a acogerlas en nosotros de modo que ellas mismas nos hablen. A partir de su relato silencioso, en ese preciso instante, podremos comprender la provisionalidad y la singularidad de toda existencia, el peligroso límite de toda certeza.

19 de diciembre de 2014

«CANCIÓN DE NAVIDAD»
CHARLES DICKENS
(1812-1870)

«I wear the chain I forged in life», replied the Ghost. «I made it link by link, and yard by yard» [...] *«Oh! captive, bound and double-ironed», cried the phantom, «not to know, that ages of incessant labour by immortal creatures, for this earth must pass into eternity before the good of which it is susceptible is all developed* [...] *Not to know that no space of regret can make amends for one life's opportunity misused!»*

•

—Llevo, tan sólo, la cadena que en vida forjé—repuso el fantasma—, la fui forjando eslabón a eslabón, yarda a yarda. [...]
—¡Oh, mísero cautivo, maniatado y encadenado dos veces!—gritó el fantasma—. ¡Ignoras que han de transcurrir siglos de labor incesante por parte de las criaturas inmortales en la tierra para que puedan desarrollar todo el bien de que es capaz! [...] ¡Desconoces que la ocasión perdida de una sola vida es irreparable!

NOSOTROS FORJAMOS NUESTRAS CADENAS
Y NOSOTROS PODEMOS ROMPERLAS

En *Canción de Navidad*—el primero de los cinco relatos que dedica al tema de la Navidad entre 1843 y 1848—, Dickens imagina a un viejo tacaño, Ebenezer Scrooge, que en la víspera de la fiesta sueña que mantiene un diálogo con el espectro de Jacob Marley, su socio muerto unos años antes. Scrooge (cuya avaricia inspirará a Disney el nombre de uno de sus personajes más famosos, Scrooge McDuck, el Tío Gilito) es descrito como «duro y cortante como pedernal del cual jamás el acero consiguió sacar una chispa de generoso fuego», un hombre a quien evita todo el mundo («Nunca ningún mendigo solicitó de él limosna; los niños no le interpelaban y ni hombre ni mujer le importunaban con preguntas banales»). Pero el encuentro con el fantasma de Marley encadenado y un onírico viaje por el pasado, el presente y el futuro hacen que Scrooge entienda la sordidez de una vida basada exclusivamente en el dinero y la avaricia. La visión de su soledad y su esterilidad producen en el viejo egoísta una profunda metamorfosis. El día de Navidad se muestra generoso con su colaborador Cratchit y con su único sobrino, Fred: «Hizo cuanto había dicho, y más, muchísimo más. Y para Tim, el pequeño que *no murió*, fue como un segundo padre. Fue tan buen amigo, tan buen señor y tan buen ciudadano como el mejor que hubiese conocido la vieja ciudad». Scrooge experimenta la alegría de la generosidad, de la solidaridad, del calor humano. Y comprende que solamente él mismo podía romper las cadenas con las que había aprisionado su corazón. Nunca es demasiado tarde para rectificar...

2 de enero de 2015

«JERUSALÉN LIBERTADA»

TORQUATO TASSO

(1544-1595)

Ma ch'io scopra il futuro, e ch'io dispieghi
de l'occulto destin gli eterni annali,
troppo è audace desio, troppo alti preghi:
non è tanto concesso a noi mortali.
Ciascun qua giù le forze e 'l senno impieghi
per avanzar fra le sciagure e i mali,
chè sovente addivien che 'l saggio e 'l forte
fabro a se stesso è di beata sorte.

•

Mas pretender que yo sondee el porvenir y que lea en los eternos anales del oculto destino es un deseo audaz en demasía, un ruego asaz temerario, pues no se concede tanto a los mortales. Cada cual emplee aquí en la tierra sus fuerzas y talento para avanzar a través de los males y de las desgracias, pues acontece a menudo que el sabio y el fuerte, buena o mala se hacen a sí mismos su suerte.

CADA CUAL ES ARTÍFICE DE SU PROPIA SUERTE:
NO SE TRATA DE LA FORTUNA

En el canto décimo de *Jerusalén libertada*, Tasso hace intervenir al mago Ismeno para que incite a Solimán a reanu-

85

dar la batalla contra los cruzados. De este modo, el valeroso guerrero, todavía con heridas en el cuerpo y el espíritu a causa de la reciente derrota de su ejército por los cristianos, decide no volver a Egipto y se dirige de inmediato a Jerusalén para unirse a las restantes tropas musulmanas.

En el centro mismo del poema (son veinte cantos), el poeta atribuye a Ismeno un magnífico elogio del hombre artífice de su destino: «Cada cual emplee aquí en la tierra sus fuerzas y talento para avanzar a través de los males y de las desgracias, pues acontece a menudo que el sabio y el fuerte, buena o mala se hacen a sí mismos su suerte». Un elogio pronunciado por un mago que descubre los límites que la naturaleza humana impone a su arte («no se concede tanto a los mortales», conocer todos los aspectos del futuro). Pero sus palabras suscitan la reacción de Solimán que, dotado de «fuerza» y de «talento», no teme afrontar la fortuna adversa: «Dé vueltas la fortuna, ora siéndome adversa ora propicia, como está escrito allí arriba; jamás ejercerá ningún poder sobre mí, ni me verá nunca vencido». El motivo *«Faber est suae quisque fortunae»* ('Cada cual es artífice de su propia suerte')—atribuido por Pseudo Salustio a Apio Claudio el Ciego y luego citado, con distintas variantes, por Cornelio Nepote, Cicerón, Séneca y otros autores latinos—tendrá una gran difusión en el Renacimiento. No hay coartada: somos lo que queremos ser. En vano atribuimos nuestras culpas a la fortuna, «adversa o propicia».

9 de enero de 2015

«EMBLEMAS»
ANDREA ALCIATO
(1492-1550)

Isidis effigiem tardus gestabat asellus,
Pando verenda dorso habens mysteria.
Obvius ergo Deam quisquis reverenter adorat,
Piasque genibus concipit flexis preces.
Ast asinus tantum praestari credit honorem
Sibi, et intumescit admodum superbiens:
Donec cum flagris compescens dixit agaso,
Non es Deus tu aselle, sed Deum vehis.

•

Un torpe borriquillo porta una imagen de Isis, llevando en el corvo lomo los venerables misterios. Todo el que se halla a su paso adora con reverencia a la diosa y de rodillas le dirige piadosas preces. Pero el asno cree que el honor se le da sólo a él mismo y se hincha de soberbia hasta que le dice el arriero, castigándole con unos azotes: «No eres tú el dios, burrete, sino que llevas al dios».

NO A TI, SINO A LA RELIGIÓN

Reelaborando una fábula de Esopo («El burro que transportaba una estatua»), el ilustre humanista Andrea Alciato dedica uno de sus *Emblemas* (compuestos de una imagen acompañada de un lema y un comentario en verso) a los religiosos que, como el asno protagonista del relato, presumen de ser ellos mismos objeto de veneración. En el emblema VII, titulado *Non tibi, sed religioni* [No a ti, sino a la religión], la imagen muestra a un burro que carga en el lomo con una estatua de la diosa Isis, a unos cuantos fieles arrodillados y al arriero con la vara lista para azotar al animal. Los versos pintan la figura con palabras: sólo un «torpe borriquillo» puede creer que las «piadosas preces», recitadas por los viandantes arrodillados, se dirigen a él («cree que el honor se le da sólo a él»); el mozo se encargará enseguida de recordarle, a golpes de vara: «No eres tú el dios, burrete, sino que llevas al dios». La fábula no se limita a atacar la jactancia y la presunción de ciertos sacerdotes: quiere mostrar más en general, como sugería el mismo Esopo, «que quienes fanfarronean de las virtudes ajenas se prestan al ridículo por parte de quienes los conocen». Erasmo, en el adagio *Asinus portans mysteria* [El asno que lleva los misterios], incluye también entre los destinatarios del proverbio a aquellos «hombres investidos de una dignidad muy superior a su mérito, por ejemplo, el ignorante a cargo de una biblioteca». Pero la fábula podría, asimismo, hacer reflexionar a quienes ostentan cargos públicos o posiciones de poder: los honores se rinden sobre todo a la función. Granjearse la estima personal es cosa bien distinta...

16 de enero de 2015

«SI ESTO ES UN HOMBRE»
PRIMO LEVI
(1919-1987)

Ognuno si congedò dalla vita nel modo che più gli si addiceva [...] Ma le madri vegliarono a preparare con dolce cura il cibo per il viaggio e lavarono i bambini e fecero i bagagli, e all'alba i fili spinati erano pieni di biancheria infantile [...] Non fareste anche voi altrettanto? Se dovessero uccidervi domani col vostro bambino voi non gli dareste oggi da mangiare?

•

Cada uno se despidió de la vida del modo que le era más propio [...] Pero las madres velaron para preparar con amoroso cuidado la comida para el viaje, lavaron a los niños, e hicieron el equipaje, y al amanecer las alambradas espinosas estaban llenas de ropa interior infantil puesta a secar [...] ¿No haríais igual vosotras? Si fuesen a mataros mañana con vuestro hijo, ¿no le daríais de comer hoy?

VIAJAR EN VAGONES PRECINTADOS
HACIA EL INFIERNO DE AUSCHWITZ

En el primer capítulo de *Si esto es un hombre* (1947), Primo Levi narra el dramático viaje efectuado hasta llegar al infierno de Auschwitz, en «vagones de mercancías, cerrados desde el exterior, y dentro, hombres, mujeres, niños apretados sin piedad, como mercancías». Un tren dirigido «hacia la nada», «hacia allá abajo», «hacia el fondo». Muchos sufrían «de sed y de frío», y dos «jóvenes madres, con sus hijos todavía colgados del pecho, gemían noche y día pidiendo agua». Una vez llegados al destino, algunos «entraban en el campo», otros «iban a las cámaras de gas». Y de aquellas «cuarenta y cinco personas de mi vagón tan sólo cuatro han vuelto a ver su hogar; y fue con mucho el vagón más afortunado». «Así murió Emilia, que tenía tres años», porque «a los alemanes les parecía clara la necesidad histórica de mandar a la muerte a los niños de los judíos». Seres humanos privados de toda dignidad, forzados a marchitarse «sin conocimiento del futuro», suspendidos entre la «esperanza» y la «incertidumbre del mañana». Las páginas iniciales del dramático testimonio de Levi bastan para darnos a entender la brutal inhumanidad de quien programa el exterminio de millones de inocentes. Una inhumanidad que, por desgracia, aún hoy se incuba en Europa en movimientos ferozmente partidarios del racismo e incluso del nazismo. Levi nos recuerda que cuando la intolerancia hacia el «otro» o el «diferente» se transforma en un «objetivo político», el peligro es inminente. Por eso, no conviene bajar la guardia, no deben subestimarse palabras y gestos que contribuyen a fomentar el odio y la violencia.

23 de enero de 2015

«DON QUIJOTE DE LA MANCHA»
MIGUEL DE CERVANTES
(1547-1616)

«Pues lo mesmo—dijo don Quijote—acontece en la comedia y trato deste mundo, donde unos hacen los emperadores, otros los pontífices, y finalmente todas cuantas figuras se pueden introducir en una comedia; pero en llegando al fin, que es cuando se acaba la vida, a todos les quita la muerte las ropas que los diferenciaban, y quedan iguales en la sepultura».

EN LA COMEDIA Y EN EL TEATRO DEL MUNDO, EL HÁBITO NO HACE AL HOMBRE

En el undécimo capítulo de la segunda parte de la obra de Cervantes, don Quijote y Sancho se encuentran con un grupo de actores que viajan en carreta vestidos con sus ropas teatrales. Tras una primera conversación con los cómicos—en la que el caballero andante confiesa su amor por el teatro: «Desde mochacho fui aficionado a la carátula»—, la imprevista irrupción de un bufón asusta a Rocinante y al asno, que parten al galope. De noche, don Quijote regaña a Sancho, porque si le hubiera dejado acometer a los cómicos «te hubieran cabido en despojos, por lo menos, la corona de oro de la emperatriz y las pintadas alas de Cupido». Y el escudero replica que «nunca los cetros y coronas de los emperadores farsantes fueron de oro puro, sino de oropel o hoja de lata». A partir de esta reflexión, el hidalgo aprovecha para tejer un elogio de la comedia («ninguna comparación hay que más al vivo nos represente lo que somos y lo que habemos de ser como la comedia y los comediantes») y para mostrar la analogía entre el actor que recita en el escenario y los poderosos que recitan en el teatro de la vida: «Pero en llegando al fin, que es cuando se acaba la vida, a todos les quita la muerte las ropas que los diferenciaban, y quedan iguales en la sepultura». Si bien Cervantes—como atestigua la intervención de Sancho: «Brava comparación, aunque no tan nueva»—subraya con ironía la gran difusión de la metáfora del teatro del mundo (que desde Platón llega hasta el siglo XVII pasando por varios grandes autores), la recuperación del *topos* sirve para desenmascarar la vanagloria de quienes, recitando con un cetro en la mano, olvidan que los atavíos reales no hacen al hombre.

30 de enero de 2015

«DECAMERÓN»

GIOVANNI BOCCACCIO

(1313-1375)

E così vi dico, signor mio, delle tre leggi alli tre popoli date da Dio padre [...] *ciascuno la sua eredità, la sua vera legge e suoi comandamenti dirittamente si crede avere e fare, ma chi se l'abbia, come degli anelli, ancora ne pende la quistione.*

•

Y lo mismo os digo, señor mío, de las tres leyes dadas a los tres pueblos por Dios Padre [...] cada uno su herencia, su ley y sus mandamientos cree rectamente tener y cumplir, pero de quién la tenga, como de los anillos, todavía está pendiente la cuestión.

FANATISMO RELIGIOSO Y POSESIÓN DE LA VERDAD ABSOLUTA

En el tercer relato de la primera jornada del *Decamerón*, Boccaccio imparte una profunda lección de tolerancia. Saladino, sultán de El Cairo, convoca a Melquisedec para pedirle un préstamo. Y para ponerlo en un aprieto, le pregunta «cuál de las tres leyes reputas por verdadera: la judaica, la sarracena o la cristiana». El rico judío, intuyendo la trampa, responde al interrogante contándole un cuento. En una adinerada familia—en la cual, por tradición, la herencia era transferida del padre al hijo que más se lo merecía con el don de un precioso anillo—, un progenitor, que tenía tres hijos igualmente dignos, encargó a un orfebre la reproducción de dos copias perfectas del anillo para poder donar en secreto uno a cada heredero. A la muerte del padre, «encontrados los anillos tan iguales el uno al otro que cuál fuese el verdadero no sabía distinguirse, quedó pendiente la cuestión de quién fuese el verdadero heredero del padre, y sigue pendiente todavía». El cuento narrado por Melquisedec muestra la imposibilidad de responder a la pregunta: así como cada uno de los tres hijos reclama la herencia paterna, cada una de las tres religiones reclama la herencia divina. Pero a nosotros, hombres, no nos es concedido establecer la verdad segura que sólo Dios puede conocer. Por lo tanto, se precisa el respeto mutuo. Y, sobre todo, es muy peligroso imponerse como único intérprete y portavoz de Dios. Quien se cree el único y legítimo heredero puede deslizarse fácilmente hacia el fanatismo. Son incontables las guerras, los estragos, las violencias que en el curso de la historia se han suscitado en nombre y por cuenta de Dios. Creerse en posesión de la verdad absoluta es de suyo una forma de fanatismo.

6 de febrero de 2015

«ANTOLOGÍA DE SPOON RIVER»
EDGAR LEE MASTERS
(1869-1950)

For love was offered me and I shrank from its
    disillusionment;
Sorrow knocked at my door, but I was afraid;
Ambition called to me, but I dreaded the chances.
Yet all the while I hungered for meaning in my life.
And now I know that we must lift the sail
And catch the winds of destiny
Wherever they drive the boat.

•

Pues el amor se me ofreció, y me acobardaron sus
    desengaños;
los pesares llamaron a mi puerta, pero tuve miedo;
la ambición me reclamó, y me asustaron los riesgos.
Continuamente anhelaba, sin embargo, darle un
    sentido a mi vida.
Y ahora sé que debemos desplegar las velas
y coger los vientos del destino
adondequiera que lleven al barco.

DESPLEGAR LAS VELAS Y SEGUIR LOS VIENTOS DEL DESTINO

Entre los epitafios imaginados por Edgar Lee Masters para el cementerio de Spoon River (1915), figura también el de un tal George Gray. En su lápida aparece esculpido «un barco anclado en el puerto con las velas recogidas». El personaje—como los demás habitantes sepultados en esta pequeña ciudad fantástica—revisa su vida reflexionando sobre errores, hipocresías, fracasos, insensibilidad. De hecho, la figura grabada es una magnífica expresión del fracaso de su existencia («No expresa mi destino de verdad, | sino mi vida»): la nave anclada en el puerto, con las velas recogidas, representa la renuncia a afrontar el mar abierto. Renunciar al amor («Pues el amor se me ofreció, y me acobardaron sus desengaños»), renunciar a medirse con las dificultades («los pesares llamaron a mi puerta, pero tuve miedo»), renunciar a cualquier aspiración («la ambición me reclamó, y me asustaron los riesgos») significa renunciar a vivir, significa renunciar a dar un sentido a la vida. Permanecer «al abrigo» de un puerto no basta para sentirse vivos («Continuamente anhelaba, sin embargo, darle un sentido a mi vida»). Hay que tener el coraje de arriesgarse, de afrontar los miedos y los gozos de la navegación: «Y ahora sé que debemos desplegar las velas | y coger los vientos del destino». Ciertamente, «puede acabar en locura el darle un sentido a la vida». Pero no tenemos elección. Porque quien recoge las velas, aunque no corra riesgos, muere en la inmovilidad («pero la vida sin sentido es la tortura | de la inquietud y del vago deseo»).

13 de febrero de 2015

«LAS AVENTURAS
DE ROBINSON CRUSOE»
DANIEL DEFOE
(1660-1731)

The most covetous, griping miser in the world would have been cured of the vice of covetousness, if he had been in my case; for I possessed infinitely more than I knew what to do with [...] I had, as I hinted before, a parcel of money, as well gold as silver, about thirty-six pounds sterling. Alas! There the nasty, sorry, useless stuff lay; I had no more manner of business for it.

•

El avaro más sórdido y envidioso del mundo se hubiese curado del vicio de la envidia de hallarse en mi caso; porque yo poseía infinitamente más de lo que podía aprovechar [...] Tenía, como ya he indicado antes, un paquete de monedas, tanto de oro como de plata, unas treinta y seis libras esterlinas. ¡Ay de mí!, allí quedaba aquel embeleco sórdido, triste, inútil; ningún uso podía hacer de él.

EN EL CONFLICTO ENTRE LOS OPUESTOS ESTÁ LA VERDAD

En *Las aventuras de Robinson Crusoe*, el protagonista—en contraste con las ideas paternas de una vida burguesa alejada de excesos y basada en la estabilidad y las certezas—

decide emprender un largo viaje por mar impelido por el deseo de «recorrer mundo». Tras no pocas vicisitudes, entre desembarcos y partidas, un naufragio lo arroja a una isla desierta, en las cercanías de la desembocadura del río Orinoco. Aquí Robinson emprende, durante veintiocho años, un largo camino de formación: se transforma, se esfuerza por volver a empezar de cero, se mide consigo mismo y con el «otro», experimenta en su piel qué significa aprender a gozar de las cosas. Luchando por la supervivencia entiende que la avidez es un terrible mal: «Todas las cosas buenas de este mundo sólo son buenas por el servicio que nos prestan; y [...] de todo lo que atesoramos para tener más, disfrutamos únicamente de lo que podemos servirnos». Y por más que la experiencia de Robinson se haya leído como una encarnación del capitalismo (Marx) o como el cruce perfecto entre economía y religión (Weber), no faltan en la novela reflexiones que condenan el afán de acumular dinero: «Allí quedaba aquel embeleco sórdido, triste, inútil; ningún uso podía hacer de él». Las contradicciones y ambigüedades de Robinson delatan las tensiones entre comercio y conciencia religiosa, entre burguesía y aristocracia, entre sedentarismo y vagabundeo, entre transgresión y conservadurismo, entre duda y certidumbre. Optar de manera radical por uno de los dos polos sería un error: sólo en el conflicto entre opuestos le es dado al lector capturar destellos de verdad.

20 de febrero de 2015

«ORÁCULO MANUAL Y ARTE DE PRUDENCIA»

BALTASAR GRACIÁN
(1601-1658)

Nace bárbaro el hombre, redímese de bestia cultivándose. Haze personas la cultura, y más quanto mayor. En fe della pudo Grecia llamar bárbaro a todo el restante universo. Es mui tosca la ignorancia. No ai cosa que más cultive que el saber.

SÓLO LA CULTURA NOS SALVARÁ DEL ODIO

En una extraordinaria colección de trescientas máximas publicada en 1647—que obtuvo un éxito excepcional en España y en Europa—, el gran jesuita Baltasar Gracián condensa aforísticamente una serie de reflexiones en su mayor parte esparcidas por otras obras suyas (*El criticón*, *El discreto*, *El héroe*). En el *Oráculo*, entre otras cosas, afronta en varios momentos el tema de la formación del hombre culto, capaz de medirse con las dificultades de los tiempos y, sobre todo, capaz de dominar sus pasiones. La educación y la cultura no conciernen sólo a los jóvenes; requieren, por el contrario, un compromiso y una constancia que han de acompañar a los seres humanos a lo largo de toda su vida. En la máxima titulada *Cultura y aliño* (87), Gracián escribe que el hombre «nace bárbaro» y puede redimirse «de bestia cultivándose». La grandeza de los hombres y de los pueblos, en efecto, se mide por la cultura que poseen («Haze personas la cultura»): cuanta más adquiramos, tanto más grandes seremos («y más quanto mayor»). La civilización de los griegos basada en la *paideia*, por ejemplo, es todavía hoy un modelo elocuente de entrelazamiento pedagógico entre búsqueda filosófica y vida civil. Quien se enamora del saber puede cultivar mejor su ingenio («No ai cosa que más cultive que el saber»). No disponemos de otros caminos para afrontar la grosería de la ignorancia («Es mui tosca la ignorancia»). Y, por desgracia, también a la ignorancia se debe la violencia de los fanatismos religiosos, la difusión del odio contra la diversidad, la preocupante vuelta del antisemitismo y del racismo.

27 de febrero de 2015

«ORLANDO FURIOSO»
LUDOVICO ARIOSTO
(1474-1533)

S'un medesimo ardor, s'un disir pare
inchina e sforza l'uno e l'altro sesso
a quel soave fin d'amor, che pare
all'ignorante vulgo un grave eccesso;
perché si de' punir donna o biasmare,
che con uno o più d'uno abbia commesso
quel che l'uom fa con quante n'ha appetito
e lodato ne va, non che impunito?

•

Si un mismo ardor, si un semejante anhelo
al uno y otro sexo incita y mueve
hacia aquel dulce fin que el necio vulgo
considera un gran yerro, ¿por qué causa
tiene castigo la mujer que ha amado
a uno o a varios, cuando el hombre yace
con cuantas se le antoja a su apetito
y merece alabanza y no castigo?

¿CASTIGOS PARA LAS MUJERES ADÚLTERAS
Y ELOGIOS PARA LOS DONJUANES?

En el canto IV de *Orlando furioso*, Rinaldo se opone a la in-
justa ley de Escocia que condena a muerte a la mujer adúlte-

ra y, en cambio, considera al hombre libertino no sólo inocente sino también digno de elogio: «¿Por qué causa | tiene castigo la mujer que ha amado | a uno o a varios, cuando el hombre yace | con cuantas se le antoja a su apetito | y merece alabanza y no castigo?». Un prejuicio machista que persiste aún en nuestra sociedad, en la que el donjuán goza de cierto prestigio. Pero Ariosto—aunque en otras octavas del poema retome algunos lugares comunes de la literatura misógina—no desaprovecha, sin embargo, la oportunidad de impartir una bella lección también a los machos violentos: quien agrede a las mujeres, en efecto, es más bruto que los brutos, porque al menos los animales respetan a las hembras («Todos los animales de la tierra, | los que viven felices y en paz moran | o los que a veces riñen, desconocen | la pelea del macho con la hembra»; v, 1). En la naturaleza, en efecto, «la osa acompaña al oso por el bosque, | yace el león feliz con la leona, | la loba va segura con el lobo | y la vaca no teme nunca al toro». Herir o maltratar a una mujer significa comportarse *contra natura*, transgredir las leyes divinas («Si es malo el hombre que, contra natura | y las leyes de Dios, golpea el rostro | de la bella mujer o simplemente | le quiebra un solo pelo»; v, 3). Y quien las mata nada tiene de humano, sino que es un ser infernal («Cuán villano | es aquel tipo que le arranca el alma | con veneno, con soga o con cuchillo: | que sea un ser humano no lo creo, | sino un monstruo infernal de humano aspecto»). Sin embargo, el mundo está, por desgracia, lleno de «monstruos infernales»: así lo prueban los homicidios y la violencia que las mujeres sufren diariamente.

6 de marzo de 2015

«GARGANTÚA Y PANTAGRUEL»

FRANÇOIS RABELAIS

(1494-1553)

*Silenes estoient jadis petites boites telles que voyons de
present es bouticques des apothecaires, picntes au dessus de figures joyeuses et frivoles [...] contrefaictes à
plaisir pour exciter le monde à rire [...] mais au-dedans
l'on reservoit les fines drogues [...] Tel [Alcibiade] disoit estre Socrates: par ce que le voyans au dehors, et l'estimans par l'exteriore apparence, n'en eussiez donné un
coupeau d'oignon: [...] Mais ouvrans ceste boyte: eussiez au dedans trouvé une celeste et impreciable drogue.*

•

Los silenos eran, antiguamente, pequeñas cajas como
las que se ven hoy en las tiendas de los boticarios; por
encima, estaban pintadas con divertidas y frívolas figuras [...] contrahechas a voluntad para provocar la
risa [...] Pero dentro se guardaban las drogas finas
[...] Como ellas decía [Alcibíades] que era Sócrates,
porque viéndolo desde fuera y juzgándolo por su apariencia exterior, no hubierais dado una piel de cebolla
por él [...] Pero al abrir esa caja, habríais encontrado
en su interior una celeste e impagable droga.

¿QUIÉN ES DE VERDAD SABIO?

LAS APARIENCIAS ENGAÑAN

En el prólogo del *Gargantúa*, el célebre médico y escritor francés Rabelais recurre a la imagen del sileno para explicar el carácter de su obra y su visión del mundo a los lectores. El *topos*—que tuvo una gran fortuna en el Renacimiento: Pico, Erasmo, Tasso, Bruno—lo había utilizado por primera vez Platón en el *Banquete* para definir la naturaleza de Sócrates: feo e insignificante por su aspecto exterior (exactamente como un sileno), pero dotado en su interior de una extraordinaria sabiduría. Una invitación explícita a no dejarse engañar por las apariencias: no conviene juzgar basándose sólo en lo que se manifiesta en la superficie. Para capturar la esencia hay que traspasar la corteza, hay que penetrar en el interior de las cosas. Las «pequeñas cajas» de los boticarios, en efecto, tienen pintadas en el exterior «divertidas y frívolas figuras», pero «dentro se guardaban las drogas finas». Detrás de la imagen cómica de *Gargantúa y Pantagruel* se esconde una seria crítica a los lugares comunes y a la cultura dogmática renacentista. La metáfora del sileno no sólo ayuda a interpretar los textos. Se convierte, en Rabelais y en los demás autores que han recurrido a ella, en una valiosa clave hermenéutica para comprender a los hombres y la realidad en la que se hallan inmersos. Quien se presenta revestido de sabio—arrogante, pomposo, seguro de sí mismo—, acaso oculta en su interior una abisal ignorancia. Y quien se manifiesta, en cambio, con modos simples y humildes, tal vez esconde un inmenso saber. El esfuerzo efectuado para abrir la caja será retribuido con la «celeste e impagable droga» custodiada en su interior.

13 de marzo de 2015

«EL PRINCIPITO»
ANTOINE DE SAINT-EXUPÉRY
(1900-1944)

—*C'est le temps que tu as perdu pour ta rose qui fait ta rose si importante. [dit le renard].*
—*C'est le temps que j'ai perdu pour ma rose...—fit le petit prince, afin de se souvenir.*
—*Les hommes ont oublié cette vérité—dit le renard—. Mais tu ne dois pas l'oublier. Tu deviens responsable pour toujours de ce que tu as apprivoisé. Tu es responsable de ta rose...*

—El tiempo que perdiste por tu rosa hace que tu rosa sea tan importante—dijo el zorro.
—El tiempo que perdí por mi rosa...—dijo el principito, a fin de acordarse.
—Los hombres han olvidado esta verdad—dijo el zorro—. Pero tú no debes olvidarla. Eres responsable para siempre de lo que has domesticado. Eres responsable de tu rosa...

EL TIEMPO QUE HAS PERDIDO POR TU ROSA
LA HACE ÚNICA

En este diálogo con un zorro del desierto, el principito entiende la esencia de su relación con una rosa que había cultivado en su lejano planeta. Antes de llegar a la Tierra, él creía que aquella rosa era la única del universo. Al aceptar la invitación del zorro para visitar unos rosales, el principito comprende la diferencia entre las demás rosas y la suya: «Sin duda que un transeúnte común creerá que mi rosa se os parece. Pero ella sola es más importante que todas vosotras, puesto que es ella la rosa que he regado. Puesto que es ella la rosa que mimé. Puesto que es ella la rosa que abrigué con el biombo. Puesto que es ella la rosa cuyas orugas maté [...] Puesto que es ella la rosa a la que escuché quejarse, o alabarse, o aun, algunas veces, callarse. Puesto que ella es mi rosa». Ahora las palabras del zorro («El tiempo que perdiste por tu rosa hace que tu rosa sea tan importante») se vuelven más claras: es el tiempo que dedicamos a personas y cosas lo que las hace únicas. Sin saberlo, el principito había «domesticado» su rosa en su planeta, al punto de enamorarse de ella. Y de igual manera, habría podido «domesticar» al zorro: «No soy para ti más que un zorro semejante a cien mil zorros. Pero, si me domesticas, tendremos necesidad el uno del otro. Serás para mí único en el mundo. Seré para ti único en el mundo...». Sin atención, sin dedicarle tiempo, no pueden crearse lazos: «Los hombres ya no tienen tiempo de conocer nada. Compran cosas hechas a los mercaderes. Pero como no existen mercaderes de amigos, los hombres ya no tienen amigos». Quien entiende la vida sabe que no todo puede reducirse a cifras («Pero, claro está, nosotros, que comprendemos la vida, nos burlamos de los números»). Y así, el principito, al regresar a casa para estar con su rosa, ha aprendido que «no se ve bien sino con el corazón», porque «lo esencial es invisible a los ojos».

20 de marzo de 2015

«LOS ENSAYOS»
MICHEL DE MONTAIGNE
(1533-1592)

Les lois de la conscience, que nous disons naître de nature, naissent de la coutume: chacun ayant en vénération interne les opinions et mœurs approuvées et reçues autour de lui, ne s'en peut déprendre sans remords, ni s'y appliquer sans applaudissement [...] *Les peuples nourris à la liberté et à se commander eux mesmes estiment toute autre forme de police monstrueuse et contre nature. Ceux qui sont duits à la monarchie en font de mesme.*

•

Las leyes de la conciencia, que decimos nacer de la naturaleza, nacen de la costumbre. Dado que cada cual venera en su interior las opiniones y las conductas que se aprueban y admiten a su alrededor, no puede desprenderse de ellas sin remordimiento, ni aplicarse a ellas sin aplauso [...] Los pueblos criados en la libertad y acostumbrados a mandarse a sí mismos consideran monstruosa y contranatural cualquier otra forma de gobierno. Los que están habituados a la monarquía hacen lo mismo.

DESCONFIAD DE QUIEN DICE:
«ESTO ES ANTINATURAL»

En un capítulo de sus espléndidos *Ensayos*—titulado «La costumbre y el no cambiar fácilmente una ley aceptada»—, el gran Montaigne dedica reflexiones memorables al tema de la naturaleza. El filósofo distingue, con su habitual claridad, los conceptos de «costumbre» y de «naturaleza»: las «leyes de la conciencia», en efecto, que nosotros «decimos nacer de la naturaleza», han de atribuirse más bien a la «costumbre». Cuando afirmamos que una cosa es «contranatural», hacemos decir a la naturaleza lo que nosotros, por costumbre, creemos que es natural. Quien quiera «librarse de este violento prejuicio de la costumbre hallará que muchas cosas admitidas con una resolución indudable no tienen otro apoyo que la barba cana y las arrugas del uso que las acompañan». En efecto, «el uso nos hurta el verdadero rostro de las cosas». Basta con pensar en el mundo de la política («Los pueblos criados en la libertad y acostumbrados a mandarse a sí mismos consideran monstruosa y contranatural cualquier otra forma de gobierno. Los que están habituados a la monarquía hacen lo mismo»), o bien en todos aquellos comportamientos que se consideran «contranaturales» porque ponen en tela de juicio las reglas vigentes en una determinada sociedad. Relativizar los puntos de vista ayuda a entender mejor: quien pasea desnudo puede ser considerado «contranatural» en una metrópolis, pero no en la selva amazónica. Por este motivo, la costumbre «es en verdad una maestra violenta y traidora», capaz de «forzar en cualquier momento las reglas de la naturaleza». Así pues, conviene desconfiar de quienes hablan en nombre de la naturaleza: definir, por ejemplo, como «contranaturales» los lazos entre seres del mismo sexo es fruto tan sólo de la arrogancia humana. Del amor entre hombres, se dice en el capítulo «La amistad», pueden también desprenderse «frutos muy útiles tanto en lo privado como en lo público».

27 de marzo de 2015

«LOS VIAJES DE GULLIVER»
JONATHAN SWIFT
(1667-1745)

*But they thought the want of moral virtues was so far
from being supplied by superior endowments of the
mind, that employments could never be put into such
dangerous hands as those of persons so qualified; and,
at least, that the mistakes committed by ignorance, in a
virtuous disposition, would never be of such fatal con-
sequence to the public weal as the practices of a man
whose inclinations led him to be corrupt, and who had
great abilities to manage, to multiply, and defend his
corruptions.*

•

Pero ellos opinaban que era tan difícil sustituir la ausencia de virtudes morales por unas dotes mentales superiores, que los empleos no podían ponerse en manos de personas tan altamente cualificadas, por ser
demasiado peligrosas. Por lo menos las equivocacio-
nes cometidas por ignorancia, pero con disposición al
bien, nunca tendrían tan fatales consecuencias para
el bienestar público como las prácticas de un hombre a quien sus inclinaciones llevaran a la corrupción,
y que tuviera posibilidad de dirigirla, incrementarla y
defenderla.

En la primera parte de sus célebres viajes, el capitán Lemuel Gulliver naufraga en la isla de Liliput. Aquí—gigante entre seres minúsculos—examina con atención los hilarantes ritos cortesanos, los inconsistentes conflictos políticos y—sobre todo—la desenfrenada corrupción. Pero, antes de que sus costumbres degeneraran, los liliputienses tenían unas leyes excepcionales: al «seleccionar al personal para los empleos», en efecto, se fijaban «más en los principios morales que en la capacidad». De hecho, virtudes como «la verdad, la justicia, la moderación» están «al alcance de todos», y si se practican con la ayuda de «la experiencia y recta intención» capacitan a cualquier persona «para el servicio de su país». La «ausencia de virtudes morales», en cambio, no puede compensarse con «unas dotes mentales superiores»: estas «personas tan altamente cualificadas» resultan fatales «para el bienestar público», porque sus manejos mantienen ocultas las estafas. No es casualidad que en Liliput se considerara «el fraude como un delito más grave que el robo», al extremo de castigarlo «con la pena capital». Mientras que «la precaución y la vigilancia pueden preservar de los ladrones los bienes de una persona», por desgracia «la honradez carece de defensa contra la astucia superior». Así, «si el fraude se tolera o encubre, o si no hay ley que lo castigue», «el comerciante honrado se arruina» y «el bribón sale ganando». A través de las fantásticas peregrinaciones de Gulliver, Swift (conservador y progresista a un tiempo) no sólo habla de la Inglaterra y la Irlanda de su tiempo: su sátira relativiza los puntos de vista absolutos, muestra los límites negativos de los extremismos, critica los vicios enmascarados como virtudes en la vida social y política, condena las violencias del colonialismo y recuerda a la ciencia que, ante todo, debe ser humana.

3 de abril de 2015

«LA ESCUELA DE LAS MUJERES»
MOLIÈRE
(1622-1673)

Le mariage, Agnès, n'est pas un badinage.
À d'austères devoirs le rang de femme engage:
Et vous n'y montez pas, a ce que je prétends,
Pour être libertine et prendre du bon temps.
Votre sexe n'est là que pour la dépendance:
Du côté de la barbe est la toute-puissance.
Bien qu'on soit deux moitiés de la société,
Ces deux moitiés pourtant n'ont point d'égalité;
L'une est moitié suprême, et l'autre subalterne;
L'une en tout est soumise à l'autre qui gouverne.

•

El matrimonio, Inés, no es ninguna broma: el rango de esposa obliga a deberes austeros, y no ascendéis a él, según pretendo, para ser desobediente y valeros de la ocasión. En él, vuestro sexo sólo está para la dependencia: del lado de la barba está todo el poder. Aunque sean dos las mitades de la asociación, esas dos mitades no son iguales sin embargo: la una es mitad suprema, y la otra subalterna; la una está sometida en todo a la otra, que gobierna.

¿EDUCAR A LAS MUJERES PARA LA FIDELIDAD?

HACED LA PRUEBA VOSOTROS MISMOS

¿Hay algún procedimiento para que los maridos puedan educar a las mujeres en el respeto a la fidelidad conyugal? Molière intenta responder a esta cuestión especialmente en *La escuela de las mujeres*, comedia que cosechó un éxito excepcional y que suscitó una encendida *querelle* entre detractores y partidarios del gran dramaturgo francés. En esta *pièce*, el personaje Arnulfo, ya anciano, sigue un plan muy preciso para intentar salvar su honor. Recluye en casa a la ingenua Inés (criada en una familia humilde) para hacer de ella la esposa perfecta. La mantiene alejada de todo contacto con la vida social y le inculca algunos preceptos generales: las mujeres deben reconocer la superioridad de los hombres («Vuestro sexo sólo está para la dependencia») y el derecho de éstos a mandar («La una es mitad suprema, y la otra subalterna»); deben desterrar todos sus trucos («Deben prescindir de esos estudios de miradas, esas aguas, esos blanquetes, esas pomadas y los mil ingredientes que vuelven lozanos los cutis»); deben olvidar la escritura («Entre sus muebles, aunque a ella le enoje, no debe haber escritorio, tinta, papel ni plumas»); deben renunciar al juego («Toda mujer que quiera consagrarse al honor debe abstenerse del juego como de algo funesto») y a las relaciones mundanas (nada de «paseos de moda» ni de «comidas campestres»). Aun así, el pobre Arnulfo—convencido de su pedagogía: «Nada mejor que hacerla mi esposa. Como yo quiera moldearé esta alma que es, entre mis manos, como un trozo de cera»—se verá finalmente obligado a cambiar de opinión. Encontrará, en efecto, lo que no habría querido encontrar («A menudo busca uno más de lo que quiere encontrar»; I, 4, v. 370), como el caballero traicionado en el *Orlando furioso* de Ariosto («Y tú, con poco seso, fuiste en

busca | de lo que era mejor no encontrar nunca»; XLIII, 47).
Inés se convertirá en la esposa de Horacio, joven y apuesto. Y
así el «maestro» se transformará en «discípulo», aprendien-
do a sus expensas que, en la escuela de la vida, no hay prisión
que pueda coartar la fuerza del amor.

10 de abril de 2015

«VOLPONE»
BEN JONSON
(1572-1637)

Honour! tut, a breath:
There's no such thing, in nature: a mere term
Invented to awe fools.
[...]
And for your fame,
That's such a jig; as if I would go tell it,
Cry it on the Piazza!
[...] save yourself
(If you'll proclaim't, you may), I know no other,
Shall come to know it.

•

¡Honor! Bah, es sólo un soplo.
No existe tal cosa en la naturaleza; un simple vocablo
inventado para atemorizar a los tontos.
[...]
En cuanto a tu fama,
es otro chiste igual; ¡como si yo fuera a decirlo,
a gritarlo en medio de la plaza!
[...] Excepto tú...
si quieres, tú puedes proclamarlo..., no sé de nadie más
que pueda alcanzar a saberlo.

En esta brillante comedia—que obtuvo un gran éxito en la
Inglaterra de su tiempo y que ha sido objeto de varias adap-
taciones teatrales y cinematográficas en el siglo xx—, Ben
Jonson reelabora el tema del cazador de herencias (*capta-
tor*), ya ampliamente explorado por Luciano, Petronio y
otros autores clásicos. Volpone (el rico veneciano sin herederos que da nombre a la *pièce*) finge estar en las postri-
merías de su vida para mofarse de varios personajes que le
agasajan con la esperanza de convertirse en sus herederos.
Entre tales aspirantes a su herencia figura también Corvi-
no, que, para alcanzar su objetivo, no duda en cederle incluso a su bella esposa Celia. Esta última opone resistencia en nombre del honor. Y el marido le responde que el
honor es «sólo un soplo», porque «no existe tal cosa en
la naturaleza». Se trata de un «simple vocablo inventado
para atemorizar a los tontos». El honor, pues, está a salvo
mientras el trato se mantenga en secreto («En cuanto a tu
fama, | es otro chiste igual. [...] | Excepto tú...| [...] no sé
de nadie más | que pueda alcanzar a saberlo»). Y ante las
objeciones de Celia («¿Son nada entonces los cielos y los
santos? | ¿Son acaso estúpidos y ciegos?»), Corvino expli-
ca que un gesto caritativo con un moribundo es siempre
una buena acción:

Si yo creyera que esto era un pecado
no te lo propondría [...]
Mas aquí es todo lo contrario,
una acción piadosa, pura caridad en pro de la medicina,
honesta política, para asegurar la mía.

Para el avaricioso marido, el honor no es más que una convención social: lo que en verdad daña el honor no es lo que hacemos, sino sólo lo que se percibe externamente. Si nadie alcanza a saberlo—como ya había recordado Giordano Bruno en una escena del *Candelero*, probable fuente del episodio—, el honor resta a salvo en una sociedad en la que la apariencia importa más que el ser.

17 de abril de 2015

«CIEN AÑOS DE SOLEDAD»
GABRIEL GARCÍA MÁRQUEZ
(1927-2014)

Aquellas veleidades de la memoria eran todavía más críticas cuando se hablaba de la matanza de los trabajadores. Cada vez que Aureliano tocaba el punto, no sólo la propietaria, sino algunas personas mayores que ella, repudiaban la patraña de los trabajadores acorralados en la estación, y del tren de doscientos vagones cargados de muertos, e inclusive se obstinaban en lo que después de todo había quedado establecido en expedientes judiciales y en los textos de la escuela primaria: que la compañía bananera no había existido nunca.

EL ARTE DE NARRAR LO QUE LA HISTORIA NIEGA

En el mítico relato de la saga de la familia Buendía, José Arcadio Segundo tiene la misión de conservar vivo el recuerdo de una masacre en la cual fueron asesinados tantos obreros que, con sus cadáveres, se llegaron a cargar «doscientos vagones»:

En realidad, a pesar de que todo el mundo lo tenía por loco [...] era en aquel tiempo el habitante más lúcido de la casa. Enseñó al pequeño Aureliano a leer y a escribir [...] y le inculcó una interpretación tan personal de lo que significó para Macondo la compañía bananera, que muchos años después, cuando Aureliano se incorporara al mundo, había de pensarse que contaba una versión alucinada, porque era radicalmente contraria a la falsa que los historiadores habían admitido y consagrado en los textos escolares.

García Márquez—en esta magnífica novela que ha hecho soñar a varias generaciones—nos habla de crímenes que se han perpetrado con el silencio absoluto de la historia. Crímenes realmente acontecidos, pero después negados y suprimidos en los «textos de la escuela primaria», hasta el punto de sostener que «la compañía bananera», responsable de la matanza, no había «existido nunca». Ahora bien, esta revuelta, sangrientamente reprimida, contra los explotadores sin escrúpulos, podría aludir a episodios que recuerdan a la guerra civil de los Mil Días (1899-1902) o a la masacre de los trabajadores de Ciénaga (1928). Con mucha frecuencia, como atestigua *Cien años de soledad*, en Latinoamérica la literatura ha logrado narrar aquello que la historia había «negado». A veces, la obstinación de un solo individuo basta para arrojar luz sobre verdades borradas por quienes detentan el poder. Por ello, la memoria, en García Márquez y en otros autores latinoamericanos, desempeña un papel de vital importancia.

24 de abril de 2015

«DORA MARKUS»

EUGENIO MONTALE
(1896-1981)

*La tua irrequietudine mi fa pensare
agli uccelli di passo che urtano ai fari
nelle sere tempestose:
è una tempesta anche la tua dolcezza,
turbina e non appare,
e i suoi riposi sono anche più rari.
Non so come stremata tu resisti
in questo lago
d'indifferenza ch'è il tuo cuore; forse
ti salva un amuleto che tu tieni
vicino alla matita della labbra,
al piumino, alla lima: un topo bianco,
d'avorio; e così esisti!*

•

Tu inquietud me hace pensar
en las aves de paso que se estrellan
contra los faros en las noches de tormenta.
También una tormenta es tu dulzura,
se desata sin mostrarse y sus sosiegos
son incluso más raros.
No sé cómo resistes
exhausta en este lago
de indiferencia que es tu corazón;

quizá te salva un amuleto
que guardas junto al lápiz de labios,
la polvera, la lima: un ratón blanco,
de marfil; ¡y así existes!

LAS CONTRADICCIONES DEL ALMA

En el cancionero de Montale, la célebre *Dora Markus* ocupa un lugar de gran relieve, sobre todo por la complejidad de su estructura y por el aura de misterio que la envuelve. Subdividida en dos partes (segunda mitad de la década de 1920 la primera, 1939 la segunda), esta poesía describe el estado de ánimo contradictorio de una enigmática mujer judía (Dora Markus o Gerti, o ambas, poco importa), un estado de ánimo que impregna toda la composición. La inquietud de la protagonista evoca la experiencia de las aves de paso: migraciones circulares (estrechamente vinculadas a tiempos e itinerarios siempre iguales a sí mismos) que implican un cierto estatismo. La oposición retorna en la «dulzura» que coincide con la «tormenta» (la cual, a su vez, «se desata sin mostrarse»). Y asimismo el estar «exhausta» convive con el «lago de indiferencia». Montale forja sobre este juego de oposiciones las imágenes más significativas de la poesía: la inmovilidad y el movimiento de los pescadores («casi quietos, hunden | o recogen las redes»), la «primavera inerte», el irisar de la «trilla moribunda», «la armónica estropeada», el vagabundeo de la mirada de abajo arriba («Espías | la carpa que tímida muerde el anzuelo | o miras en los tilos | la tarde que se enciende entre pináculos | y, en el agua, el fogonazo de toldos | de muelles y pensiones»). Suspendida entre fijeza e inercia, entre visión y ceguera, entre inquietud e indiferencia, la «salvación» podría quizá cifrarse en un pequeño amuleto (el ratón blanco de marfil) o en un desvío imprevisto de la rígida trayectoria del destino (los «desvíos de lo posible» evocados en el «Carnaval de Gerti»). Pero en los versos finales—estamos ya en 1939—, sobre la vida de la misteriosa protagonista judía se cierne la amenaza de la ferocidad nazi.

1.º de mayo de 2015

«EL SOLDADO FANFARRÓN»
PLAUTO
(c. 250-184 a. C.)

Quid tibi ego dicam quod omnes mortales sciunt,
Pyrgopolinicem te unum in terra vivere
Virtute et forma et factis invictissumis?
Amant te omnes mulieres, neque iniuria,
Qui sis tam pulcher [...]
[...] «hicine Achilles est», inquit mihi.
«Immo eius frater» inquam «est». Ibi illarum altera
«Ergo mecastor pulcher est», inquit mihi
[...] Ne illae sunt fortunatae quae cum isto cubant.

•

¿Y para qué voy a decirte lo que todo el mundo sabe, que Pirgopolinices es único en el orbe por su bravura, su belleza y sus hazañas invencibles? Todas las mujeres te aman y con razón, porque ¡eres tan guapo! [...] «¿No será Aquiles?», me dijo una. «No —respondí—; pero es su hermano». Y otra me dijo: «Por Cástor, ¡qué hermoso es! [...] ¡Dichosas las mujeres que pueden compartir su lecho!».

¿USTED, UN HÉROE? NO ME HAGA REÍR

En este breve retrato, pintado con coloridas palabras, del parásito Artotrogo, Plauto representa el prototipo del fanfarrón en el que se inspirarán, a lo largo de los siglos, muchísimos autores más. Pirgopolinices, en efecto, pasará a la historia como el célebre modelo de los numerosos *milites gloriosi* (presumidos, bravucones, fanfarrones) que han poblado la escena teatral y literaria europea: desde el *Eunuco* de Terencio hasta la figura shakespeariana de Falstaff, desde *La ilusión cómica* de Corneille hasta *Las aventuras del barón de Münchausen* de Raspe, desde *El capitán Fracaso* de Gautier hasta *El fanfarrón* de Pasolini. Se trata de una comedia muy divertida, llena de giros inesperados y juegos de palabras. Basta pensar en el uso de la hipérbole en las descripciones de las fantásticas empresas militares y amorosas de Pirgopolinices—«Tú dispersaste [las legiones] de un soplo, como dispersa el viento las hojas» (I), «Jamás hubo un hombre en el mundo tan digno de ser un dios» (IV, 2)—, o en el uso del catálogo que—pese a incumbir a las actividades de Marte y no a las de Venus—constituye un precedente (como alguien ha hecho notar) de la famosa aria que Leporello canta en *Don Giovanni*: «Ciento cincuenta en Cilicia, cien en Escitolatronia, treinta sardos, sesenta macedonios. A todos esos hombres mataste tú en un solo día», en total «siete mil» (I). Y como suele sucederles a los fanfarrones, Pirgopolinices acabará burlado y con los huesos rotos, perfecta víctima de su ignorancia: Platón explicaba, en el *Filebo*, que la risa nace de la distancia que separa lo que creemos ser de lo que verdaderamente somos. De la lección plautina se acordará Shakespeare en *Bien está lo que bien acaba*: «Quien sabe que es un jactancioso, témalo, pues llegará a ocurrir que todos los jactanciosos se descubrirán como burros» (IV, 3).

8 de mayo de 2015

«ODISEA»
HOMERO
(siglo VIII a. C.)

ἔνθα κύων κεῖτ᾽ Ἄργος, ἐνίπλειος κυνοραιστέων.
δὴ τότε γ᾽, ὡς ἐνόησεν Ὀδυσσέα ἐγγὺς ἐόντα,
οὐρῇ μέν ρ᾽ ὅ γ᾽ ἔσηνε καὶ οὔατα κάββαλεν ἄμφω,
ἆσσον δ᾽ οὐκέτ᾽ ἔπειτα δυνήσατο οἷο ἄνακτος
ἐλθέμεν· αὐτὰρ ὁ νόσφιν ἰδὼν ἀπομόρξατο δάκρυ,
ρεῖα λαθὼν Εὔμαιον, ἄφαρ δ᾽ ἐρεείνετο μύθῳ·
Εὔμαί, ἦ μάλα θαῦμα, κύων ὅδε κεῖτ᾽ ἐνὶ κόπρῳ.

•

Allí estaba tumbado el perro Argos, lleno de pulgas.
Cuando vio a Odiseo cerca, entonces sí que movió la
cola y dejó caer sus orejas, pero ya no podía acercar-
se a su amo. Entonces Odiseo, que le vio desde lejos, se
enjugó una lágrima sin que se percatara Eumeo y le
preguntó: «Eumeo, ¿no es extraño que este perro esté
tumbado entre el estiércol?».

EL CANTOR DEL AMOR ENTRE EL PERRO
Y EL HOMBRE

Entre los muchos episodios célebres de la *Odisea*—aquellos que se conocen de oídas aun sin haberlos leído—, el
encuentro de Ulises con su fiel perro Argos ocupa ciertamente un lugar de primer orden. El rey de Ítaca, retornado

a su isla, llega hasta el palacio real, disfrazado de mendigo, junto a su devoto servidor Eumeo. Allí, Argos, abandonado en un lecho «entre el estiércol de mulos y vacas», es el primer ser vivo que reconoce al héroe, aunque hayan pasado veinte años: en efecto, apenas ve a su amo, inmóvil, lo agasaja agitando la cola y dejando caer las orejas. Ulises se conmueve y trata de esconder la lágrima que le resbala por el rostro para no despertar las sospechas de Eumeo. Raras veces el héroe griego llora en la *Odisea*: se había emocionado, entre los feacios, al escuchar el relato de las hazañas de los aqueos en Troya (VIII) y se emocionará en el canto XIX cuando dialogue con Penélope. Basta una mirada para que el perro reconozca al amo y el amo reconozca al perro: una antigua y fuerte relación que el tiempo no había conseguido destruir, pero que ahora la alegría del encuentro trunca fatalmente. El pobre Argos—lleno de pulgas y vivo testimonio de cómo las cosas más queridas del rey han sido despreciadas durante su larga ausencia—no soporta la visión de su Ulises: «Y a Argos le arrebató el destino de la negra muerte al ver a Odiseo después de veinte años». El que en otro tiempo fuera ejemplo de fuerza y coraje—«Nunca salía huyendo de ninguna bestia en la profundidad del espeso bosque cuando la perseguía, pues también era muy diestro en seguir el rastro»—se derrumba vencido por el exceso de felicidad. En pocos versos, el poeta es capaz de describir con profunda introspección psicológica la mutua fidelidad que liga al perro y al amo, la devoción desinteresada que puede unir a un hombre y un animal.

15 de mayo de 2015

«EL RETORNO»
RUTILIO NAMACIANO
(siglo V d. C.)

Fecisti patriam diversis gentibus unam,
profuit iniustis te dominante capi;
dumque offers victis proprii consortia iuris,
urbem fecisti, quod prius orbis erat.
[...]
Hinc tibi certandi bona parcendique voluptas:
quos timuit superat, quos superavit amat.

•

Formaste de pueblos distintos una única patria; al imponer tu poder, beneficiaste a los vencidos, ignorantes de la justicia, y al ofrecerles compartir tus propias leyes formaste una ciudad de lo que antes era un mundo [...] De ahí tu gran satisfacción en combatir y en perdonar: vences a quienes has temido, amas a quienes has vencido.

VENCES A QUIENES HAS TEMIDO, AMAS A QUIENES HAS VENCIDO

Rutilio Namaciano relata en dísticos elegíacos su viaje de retorno a la Galia meridional, donde había nacido en el seno de una familia adinerada. El poema, que nos ha llegado mutilado y sin título, invierte desde el inicio el esquema tradicional del *nostos* (el retorno): aquí no está en juego la nostalgia del país de origen, sino la tristeza por la partida de Roma, que Rutilio considera su verdadera patria. En el momento mismo de su embarque en el puerto de Ostia, el lector descubre que este «retorno» a la ciudad natal adquiere el significado de un «exilio» (como atestiguan los ecos de los *Tristia* de Ovidio): el poeta teje el elogio de Roma, de su acción civilizadora, del valor universal de sus leyes, de su capacidad para acoger lo extranjero hasta el punto de hacer que se sienta en casa («Formaste de pueblos distintos una única patria; al imponer tu poder, beneficiaste a los vencidos, ignorantes de la justicia»). Sin embargo, la civilización romana y sus monumentos no sólo sufren la usura del tiempo («La voracidad del tiempo ha consumido sus murallas poderosas. Sólo quedan a trechos restos de sus muros; unas casas yacen sepultadas bajo amplias extensiones de escombros», 1, 410-412), sino que se ven, además, amenazados por la furia destructora de los hombres: por los bárbaros invasores que asuelan el norte y el sur («Es ya tiempo, destrozadas nuestras heredades tras largos incendios, de edificar», 1, 29), por los corruptos funcionarios que saquean los tesoros del Estado («vuelan, pública rapiña, entre los custodios», 1, 612) y por los misántropos que huyen de la vida civil («Ellos se llaman a sí mismos con el apodo griego de *monjes* porque desean vivir solos sin testigo alguno», 1, 441-442). El amor a Roma de un galo es un testimonio precioso para una Europa aquejada de xenofobia: «La sagrada Curia se abre a los méritos del forastero, y no considera extraños a quienes cuadra que le pertenezcan» (1, 13-14).

22 de mayo de 2015

«EL POBRE GORIOT»

HONORÉ DE BALZAC

(1799-1850)

Savez-vous comment on fait son chemin ici? Par l'éclat du génie ou par l'adresse de la corruption. Il faut entrer dans cette masse d'hommes comme un boulet de canon ou s'y glisser comme une peste. L'honnêteté ne sert à rien. L'on plie sous le pouvoir du génie, on le hait, on tâche de le calomnier, parce qu'il prend sans partager; mais [...] la corruption est en force, le talent est rare. Ainsi, la corruption est l'arme de la médiocrité qui abonde.

•

¿Sabe cómo se abre uno camino aquí? O por el resplandor de la genialidad o por la maña en la corrupción. Hay que penetrar en esa masa de hombres como una bala de cañón o escurrirse dentro como una peste. La honradez no vale de nada. Nos doblegamos ante el poder de la genialidad, la aborrecemos, intentamos calumniarla porque toma sin compartir; pero [...] la corrupción abunda, el talento escasea. Por lo tanto, la corrupción es el arma de la mediocridad, que abunda.

¿CÓMO ABRIRSE CAMINO? EL TRIUNFO DE LA CORRUPCIÓN

En la miserable pensión parisina de madame Vauquer, el ambicioso joven Eugène de Rastignac escucha con tanto interés como horror las palabras de Vautrin, un evadido que se oculta fingiéndose antiguo comerciante. El convicto pretende enseñar al estudiante el camino más rápido para lograr el éxito en una sociedad en la que «la corrupción abunda»: perder tantos años con los libros para llegar a ser magistrado («A eso de los treinta años, será juez y ganará mil doscientos francos anuales», p. 156) o para ejercer como abogado («Pero encuéntreme en París cinco abogados que, a los cincuenta años, ganen más de cincuenta mil francos al año», p. 157) no conviene; en cambio, bastaría con eliminar al hijo del rico banquero Taillefer y desposar a su hermanastra Victorine (su heredera universal) para poder contar con una renta de millones («Si le llegan unos millones a esa joven, los arrojará a sus pies, como si fueran guijarros», p. 162). Rastignac se indigna, pero el crudo razonamiento de Vautrin le afecta profundamente: «En dos palabras ese bandido me ha dicho más cosas sobre la virtud de las que me han dicho los hombres y los libros» (p. 168). Y si bien en el teatro del mundo, escenificado en el microcosmos de la pensión Vauquer, encontramos también al pobre Goriot (que entrega a sus dos hijas todas sus pertenencias, para promover su ascenso social, y no recibe a cambio sino ingratitud), el fresco pintado por Balzac es dramático: quien ansíe quemar etapas para llegar a la cima deberá ensuciarse las manos («Y así es la vida, tal y como se la cuento. No es mejor que la cocina, apesta igual y hay que ensuciarse las manos al meterlas en la masa; lo que hay que hacer es saber lavarse bien luego: ésos son todos los principios morales de nuestra época», p. 160). Una invitación a reflexionar para quien se sienta atraído por las sirenas de las ganancias fáciles y los éxitos inmediatos. Lavarse las manos enseguida no basta…

29 de mayo de 2015

«RECUERDOS»

FRANCESCO GUICCIARDINI
(1483-1540)

Non vi maravigliate che non si sappino le cose delle età passate [...] perché, se considerate bene, non s'ha vera notizia delle presenti [...] e spesso tra 'l palazzo e la piazza è una nebbia sì folta o uno muro sì grosso che, non vi penetrando l'occhio degli uomini, tanto sa el popolo di quello che fa chi governa o della ragione perché lo fa, quanto delle cose che fanno in India.

•

No te asombre que no se tenga noticia de los hechos del pasado [...] pues, bien mirado, no se tiene noticia fidedigna de los presentes [...] A menudo, en efecto, una niebla espesísima o un muro de enorme grosor, que el ojo humano no puede traspasar, se halla entre el palacio y la plaza, y tanto sabe el pueblo de lo que hace quien gobierna y de la razón por la que lo hace, como de lo que se hace en la India.

LA NIEBLA ENTRE EL PALACIO Y LA PLAZA ES SIEMPRE ESPESA

Entre los consejos que los *Recuerdos* de Francesco Guicciardini dispensan en forma de «admoniciones», este «aforismo» es uno de los más célebres. Apoyándose en la experiencia atesorada en sus dieciocho años (1512-1530) como servidor de la política y la diplomacia, el autor reflexiona sobre la «niebla» que se interpone entre la plaza y el palacio. El Palazzo Vecchio y la piazza della Signoria de Florencia se convierten en símbolos del misterio que envuelve las sedes donde se detenta el poder, inaccesibles a los gobernados que querrían entender desde fuera lo que de verdad sucede en su interior. Entre quien gobierna y quien no gobierna se da la misma relación asimétrica que existe entre quien sabe y quien no sabe: «Tanto sabe el pueblo de lo que hace quien gobierna y de la razón por la que lo hace, como de lo que se hace en la India». Pero este «no saber» no depende ni de la distancia temporal («No te asombre que no se tenga noticia de los hechos del pasado»), ni de la espacial (no conocer las cosas «que tienen lugar en provincias o lugares remotos»). Se trata más bien de la imposibilidad natural de penetrar en las sedes donde se ejerce el poder, porque entre el príncipe y sus súbditos hay siempre una «niebla» o un «muro» que impide ver más allá. No debemos asombrarnos, por lo tanto, de que el mundo esté lleno de opiniones equivocadas y efímeras («Es por ello que la realidad abunda en opiniones erróneas y vanas»). Y aunque para Guicciardini—que vivió en una época marcada por rápidas mutaciones—todo el universo de los intercambios sociales parece estar gobernado por la ilusión y la imposibilidad de establecer reglas absolutas, la lectura de su aforismo justifica una pregunta: ¿hoy, a siglos de distancia, podemos decir que la niebla entre el palacio y la plaza se ha disipado, o acaso se ha vuelto todavía más densa?

5 de junio de 2015

«AMOR»

GUY DE MAUPASSANT

(1850-1893)

Je tirai. Un d'eux [des deux oiseaux] tomba presque à mes pieds. C'était une sarcelle au ventre d'argent. Alors, dans l'espace au-dessus de moi, une voix, une voix d'oiseau cria. Ce fut une plainte courte, répétée, déchirante; et la bête, la petite bête épargnée se mit à tourner dans le bleu du ciel au-dessus de nous en regardant sa compagne morte que je tenais entre mes mains [...] Jamais gémissement de souffrance ne me déchira le cœur comme l'appel désolé, comme le reproche lamentable de ce pauvre animal perdu dans l'espace.

•

Yo disparé. Uno de ellos [de los dos pájaros] cayó a mis pies. Era una cerceta de vientre plateado. Entonces, en el espacio por encima de mí, una voz, una voz de pájaro chilló. Fue una queja breve, repetida, desgarradora; y el animal, el pequeño animal salvado, se puso a dar vueltas en el azul del cielo encima de nosotros mirando a su compañera muerta, que yo tenía entre las manos [...] Nunca gemido de sufrimiento me desgarró el corazón como aquella llamada desolada, como el lamentable reproche de aquel pobre animal perdido en el espacio.

En el breve relato titulado *Amor*—aparecido en 1886 en el periódico *Gil Blas* y recogido después en el volumen *El Horla*—, Guy de Maupassant nos ofrece una conmovedora descripción del dolor que la brutalidad humana puede infligir a los animales. El episodio de caza se inscribe en un contexto más amplio, en el cual el autor se pregunta sobre algunos temas que son recurrentes en sus novelas: la dimensión trágica del amor («la mató; luego, se mató»), la «pasión inmoderada» por el agua y por el «misterio mismo de la creación» encerrado en la marisma («¿no es en el agua estancada y fangosa [...] donde se agitó, vibró, se abrió a la luz el primer germen de vida?»), la muerte y las separaciones terribles causadas por ella. Durante una batida de caza con su amigo Karl, de improviso «dos pájaros, con el cuello recto y las alas extendidas, pasaron bruscamente sobre nuestras cabezas. Yo disparé. Uno de ellos cayó a mis pies». El otro volátil, «el pequeño animal salvado, se puso a dar vueltas en el azul del cielo encima de nosotros mirando a su compañera muerta, que yo tenía entre las manos» («Seguía dando vueltas y lloraba a nuestro alrededor»). De pronto, Karl empuña la escopeta, dándose cuenta de que el pájaro nunca abandonará a su hembra, y le dispara cuando se aproxima lleno de inquietud: «Se acercaba despreciando el peligro, enloquecido por su amor de animal por el otro animal que yo había matado». En el desgarro que experimenta el cazador («Nunca gemido de sufrimiento me desgarró el corazón [...]»)—en contraste con la excitación de la sangre descrita en el exordio del relato: «el animal sanguinolento, la sangre en las plumas, la sangre en mis manos, me crispa en el corazón hasta hacerlo desfallecer»—, hay un relampagueo de humanidad, una intensa emoción, un *pensamiento doloroso* por las vidas destrozadas de una pareja de pájaros indefensos e inocentes. También los animales aman y sufren.

12 de junio de 2015

«DICCIONARIO DE PREJUICIOS»
GUSTAVE FLAUBERT
(1821-1880)

ARTISTES *Tous farceurs.* [...] *Femme artiste ne peut être qu'une catin. Ce qu'ils font ne peut s'appeler «travailler».*

CLASSIQUES (LES) *On est censé les connaître.* [...]

ÉRUDITION *La mépriser comme étant la marque d'un esprit étroit.* [...]

LITTÉRATURE *Occupation des oisifs.* [...]

PHILOSOPHIE *On doit toujours en ricaner.* [...]

POÉSIE (LA) *Est tout à fait inutile: passée de mode.*

POÈTE *Synonyme noble de nigaud; rêveur.*

PROFESSEUR *Toujours savant.*

•

ARTISTAS *Son todos unos farsantes.* [...] *La mujer artista no puede ser más que un pendón. No se puede llamar a lo que hacen «trabajar».*

CLÁSICOS (LOS) *Se supone que uno los conoce.* [...]

ERUDICIÓN *Despreciarla como la marca de una mente estrecha.* [...]

FILOSOFÍA *Reírse siempre con sarcasmo de ella.* [...]

LITERATURA *Ocupación de los ociosos.* [...]

POESÍA (LA) *Totalmente inútil, pasada de moda.*

POETA *Sinónimo noble de bobo, soñador.*

PROFESOR *Siempre sabio.*

Durante toda su vida Flaubert estuvo obsesionado por las *bêtises*, las necedades, los prejuicios, por una serie de lugares comunes difundidos y arraigados al extremo de imponerse en toda suerte de conversaciones y escritos. En muchas de sus obras la estupidez aparece como una presencia constante, y llega a asumir un papel de primera importancia en las páginas inacabadas de *Bouvard y Pécuchet* (1881) o en los fragmentos léxicos del *Diccionario de prejuicios*. En éste, algunas de las entradas muestran irrisión y desprecio—todavía más extendidos hoy, en una sociedad como la nuestra en la que sólo cuenta el provecho—por la poesía («totalmente inútil»), por el poeta («sinónimo noble de bobo, soñador») y por la literatura en general. Pero el *Diccionario* abarca una cantidad de voces heterogéneas que cubre los más diversos campos del saber y la vida cotidiana. Flaubert—dejando siempre un margen de incertidumbre entre lo serio y lo cómico—quiere ofrecer un amplio catálogo de frases hechas, un prontuario de expresiones capaces de asegurar el favor de un mundo en el cual las personas sólo quieren escuchar aquellas presuntas «verdades» aceptadas pasivamente: si se conversa sobre el «hogar», por ejemplo, es preciso «hablar siempre con respeto de él»; si se discute sobre «materialismo», es necesario «pronunciar esta palabra con horror acentuando cada sílaba»; si se debate sobre el ateísmo, es siempre bueno recordar que «un pueblo de ateos no podría subsistir». Así, al repasar el estupidario en orden alfabético, se entiende a la perfección que recurrir a las opiniones dominantes es mucho más fácil: formarse una opinión propia requiere trabajo, estudio, reflexión. En definitiva, los prejuicios son a menudo hijos de la ignorancia. ¡Y nadie se asombrará al encontrar en la voz «Chateaubriand» la explicación: «Conocido sobre todo por el solomillo que lleva su nombre»!

19 de junio de 2015

«LAS CIUDADES INVISIBLES»
ITALO CALVINO
(1923-1985)

L'inferno dei viventi non è qualcosa che sarà; se ce n'è uno è quello che è già qui, l'inferno che abitiamo tutti i giorni, che formiamo stando insieme. Due modi ci sono per non soffrirne. Il primo riesce facile a molti: accettare l'inferno e diventarne parte fino al punto di non vederlo più. Il secundo è rischioso ed esige attenzione e apprendimento continui: cercare e saper riconoscere chi e cosa, in mezzo all'inferno, non è inferno, e farlo durare e dargli spazio.

•

El infierno de los vivos no es algo que será; si hay uno, es aquel que existe ya aquí, el infierno que habitamos todos los días, que formamos estando juntos. Dos maneras hay de no sufrirlo. La primera es fácil para muchos: aceptar el infierno y volverse parte de él hasta el punto de no verlo más. La segunda es peligrosa y exige atención y aprendizaje continuos: buscar y saber reconocer quién y qué, en medio del infierno, no es infierno, y hacerlo durar, y darle espacio.

RECONOCER QUIÉN Y QUÉ NO ES INFIERNO
EN MEDIO DEL INFIERNO

En 1972 la editorial Einaudi publicó *Las ciudades invisibles*, un libro que Pier Paolo Pasolini calificó sin dudarlo, no ya como «la más bella» de las obras de Calvino, sino como una obra «absolutamente bella» (1973). Se trata de un diálogo entre el viajero Marco Polo y el conquistador Kublai Kan: el veneciano describe al emperador, en cincuenta y cinco relatos, una serie de ciudades (a cada una se le atribuye un nombre de mujer, inspirado en personajes de la mitología o la literatura) que el mongol nunca ha visitado. Con independencia del juego combinatorio sobre el que el autor construye la estructura formal de la novela (en la que la disposición de los números ejerce una función decisiva), otros elementos llaman la atención: las pausas marcadas por el silencio («En realidad, estaban mudos, con los ojos entrecerrados», p. 38), el contraste entre las ciudades reales y las imaginarias, las respuestas que los espacios urbanos dan a nuestras preguntas, la importancia de la escucha («El que me escucha retiene sólo las palabras que espera», p. 147), las infinitas arquitecturas de temas y palabras. Y en las páginas finales, la conversación se desliza hacia el infierno de los vivos. No se trata de «algo que será», sino del «infierno que habitamos todos los días, que formamos estando juntos». Hay dos maneras «de no sufrirlo». La primera «es fácil para muchos»: «aceptar el infierno y volverse parte de él hasta el punto de no verlo más». La segunda, por el contrario, es «peligrosa y exige atención y aprendizaje continuos»: se trata de «buscar y saber reconocer quién y qué, en medio del infierno, no es infierno, y hacerlo durar, y darle espacio». La decisión está en nuestras manos: o la vía de la homologación y la complicidad (que desemboca en la indiferencia) o la del compromiso (para intentar que sobreviva aquello que en medio del infierno no es infierno).

26 de junio de 2015

«ÍTACA»

COSTANTINO CAVAFIS

(1863-1933)

Πάντα στὸν νοῦ σου νά' χεις τὴν Ἰθάκη.
Τὸ φθάσιμον ἐκεῖ εἶν' ὁ προορισμός σου.

Ἀλλὰ μὴ βιάζεις τὸ ταξείδι διόλου.
Καλλίτερα χρόνια πολλὰ νὰ διαρκέσει.
Καὶ γέρος πιὰ ν' ἀράξεις στὸ νησί,
πλούσιος μὲ ὅσα κέρδισες στὸν δρόμο,
μὴ προσδοκῶντας πλούτη νὰ σὲ δώσει ἡ Ἰθάκη.

Η Ἰθάκη σ' ἔδωσε τ' ὡραῖο ταξεῖδι.
Χωρὶς αὐτὴν δὲν θά' βγαινες στὸν δρόμο.
Ἀλλα δὲν ἔχει νὰ σὲ δώσει πιά.

Κι ἂν πτωχικὴ τὴν βρεις, ἡ Ἰθάκη δὲν σὲ γέλασε.
Ἔτσι σοφὸς ποὺ ἔγινες, μὲ τόση πεῖρα,
ἤδη θὰ τὸ κατάλαβες οἱ Ἰθάκες τί σημαίνουν.

•

Mantén siempre Ítaca en tu mente.
Llegar allí es tu destino.

Pero no tengas la menor prisa en tu viaje.
Es mejor que dure muchos años
y que viejo al fin arribes a la isla,

rico por todas las ganancias de tu viaje,
sin esperar que Ítaca te vaya a ofrecer riquezas.

Ítaca te ha dado un viaje hermoso.
Sin ella no te habrías puesto en marcha.
Pero no tiene ya más que ofrecerte

Aunque la encuentres pobre, Ítaca de ti no se ha
burlado.
Convertido en tan sabio, y con tanta experiencia,
ya habrás comprendido el significado de las Ítacas.

LO QUE IMPORTA ES EL VIAJE, NO LA META

Entre los múltiples mitos literarios, el de Ulises tal vez sea uno de los más difundidos. En cualquier época, el viaje del astuto rey de Ítaca ha supuesto una ocasión preciosa para reflexionar sobre el conocimiento, sobre la exploración de lo ignoto, sobre el desafío a los límites, sobre el conflicto con lo divino, sobre el *nostos* (el retorno), sobre el encuentro con el «otro». En este espléndido poema de 1911, Cavafis delimita un espacio enteramente propio, insistiendo en un aspecto importante de la experiencia humana. Lo que cuenta no es la meta (retornar a la anhelada isla), sino el viaje que debemos hacer para alcanzarla. Así pues, no debemos tener prisa: «Cuando salgas de viaje para Ítaca, | desea que el camino sea largo, | colmado de aventuras, de experiencias colmado». Y sobre todo no debemos tener miedo de «lestrigones y cíclopes»:

A los lestrigones y a los cíclopes,
[…] no temas,
pues nunca encuentros tales tendrás en tu camino,
si tu pensamiento se mantiene alto, si una exquisita
emoción te toca cuerpo y alma.

Los verdaderos monstruos los llevamos en nuestro interior («A los lestrigones y a los cíclopes, | […] no encontrarás, | a no ser que los lleves ya en tu alma»). Sin miedo alguno, en definitiva, debemos anhelar que el camino sea largo («Desea que el camino sea largo. | Que […] entres en puertos que ves por vez primera»). Así, cada etapa nos permitirá adquirir refinados artículos («para adquirir sus bellas mercancías») y abrazar conocimientos antiguos («Y vete a muchas ciudades de Egipto | y aprende, aprende de los sabios»). Sólo una vez llegados a Ítaca, comprenderemos que hemos vuelto «ricos» («rico por todas las ganancias de tu viaje»). No importa que Ítaca sea «pobre», que nada nos ofrezca («sin esperar que Ítaca te vaya a ofrecer riquezas»). Ítaca nos ha procurado «un viaje hermoso». Y viajando nos hemos enriquecido («Convertido en tan sabio, y con tanta experiencia»). Para entender «el significado de las Ítacas», en suma, no hay que pensar en la meta, sino en las experiencias vividas para alcanzarla.

3 de julio de 2015

«LA DISIMULACIÓN HONESTA»

TORQUATO ACCETTO

(*c.* 1590-1640)

Basterà dunque il discorrer della dissimulazione, in modo che sia appresa nel suo sincero significato, non essendo altro il dissimulare, che un velo composto di tenebre oneste e di rispetti violenti, da che non si forma il falso, ma si dà qualche riposo al vero, per dimostrarlo a tempo.

•

Bastará, pues, discurrir sobre la disimulación de modo que sea comprendida en su sentido sincero, no siendo otra cosa la disimulación que un velo compuesto por tinieblas honestas y respetos violentos, por el cual no se produce lo falso, sino que se da algún descanso a lo verdadero, para demostrarlo a su tiempo.

CUANDO LA VERDAD DEBE SER DEJADA EN REPOSO

¿La disimulación («esconder» la verdad) es siempre digna de condena? ¿O bien existen circunstancias que la hacen necesaria? A estos interrogantes quiere dar respuesta el importante tratadillo titulado *La disimulación honesta* (Nápoles, 1641). En él, Accetto, poeta y filosofo de cuya vida apenas sabemos nada, se vale de su experiencia como «secretario» para teorizar sobre la «disimulación honesta»: se trata de «un velo compuesto por tinieblas honestas» y «respetos violentos» (reglas que deben imponerse, a la fuerza, sobre todo a uno mismo). Quien practica este tipo de disimulo, en definitiva, no «produce lo falso» sino que, por el contrario «da algún descanso a lo verdadero, para demostrarlo a su tiempo». Dicho con otras palabras: a veces es preciso dejar en reposo la verdad, protegida con «honestas tinieblas», hasta que los tiempos estén maduros para que resplandezca a la luz del sol. El autor piensa, en particular, en las relaciones con los mandatarios: «Horrendos monstruos son aquellos poderosos que devoran la sustancia de quienes están bajo su sujeción». Y quien está «en peligro de tanta desventura no tiene mejor medio para remediarlo» que «ocultar los bienes externos», pero también, y principalmente, «los del alma»; porque «la virtud que se oculta a tiempo se vence a sí misma». Nadie ignora que quien ejerce el poder inmerecidamente «sospecha de cada cabeza donde habita el saber». En estos casos, «es virtud sobre virtud disimular la virtud». Para eludir las represalias del tirano, para «no ofender la vista enferma de la envidia y el temor ajeno», es lícito ocultar las propias cualidades y el propio pensamiento (XIX). Así, la disimulación honesta, en una época marcada por el dominio español, se convierte en un arte lícito que—si se utiliza, con prudencia, en clave defensiva y no de ataque—puede incluso transformarse en una virtud. No por azar Benedetto Croce, después de casi tres siglos de olvido, volvió a publicar este tratado en 1928, en el momento mismo en que arreciaba la violencia fascista.

10 de julio de 2015

«CAMPO DI FIORI»

CZESŁAW MIŁOSZ

(1911-2004)

Tu na tym właśnie placu
Spalono Giordana Bruna,
Kat płomień stosu zażegnął
W kole ciekawej gawiedzi.
A ledwo płomień przygasnął,
Znów pełne były tawerny,
Kosze oliwek i cytryn
Nieśli przekupnie na głowach.

W spomniałem Campo di Fiori
W Warszawie przy karuzeli,
W pogodny wieczór wiosenny,
Przy dźwikęach skocznej muzyki.
Salwy za murem getta
Głuszyła skoczna melodia
I wzlatywały pary
Wysoko w pogodne niebo.

•

Aquí, en esta misma plaza
quemaron a Giordano Bruno,
el verdugo encendió la pira
ante un círculo de curiosa turba,
y apenas se apagaron las llamas,

149

las tabernas volvían a estar llenas,
cestos de aceitunas y limones
traían los vendedores en sus cabezas.

Recordé Campo di Fiori
en Varsovia cerca del tiovivo,
en una agradable tarde primaveral,
con sonidos de una música alegre.
Las salvas tras los muros del gueto,
las apagaba la jovial melodía
y las parejas se elevaban
muy alto en aquel claro cielo.

EL DESINTERÉS QUE LLEVA A IGNORAR LA TRAGEDIA

La fecha adjunta al final del poema ilumina retrospectivamente los espléndidos versos del polaco Czesław Miłosz (premio Nobel de literatura en 1980): «Varsovia, Pascua, 1943». Son los días terribles en los que los nazis reprimen la revuelta que estalló en el gueto, con miles de judíos asesinados o deportados. El poeta aproxima dos lugares lejanos y dos momentos distintos de la historia europea: la plaza de Campo di Fiori en Roma (donde el 17 de febrero de 1600 el filósofo Giordano Bruno fue quemado vivo) y los muros del gueto de Varsovia (donde, durante la Pascua judía, las tropas alemanas intentaban sofocar la reacción desesperada de los judíos allí recluidos). En el momento mismo en que el drama se consuma en la hoguera, el gentío indiferente («un círculo de curiosa turba») llena «las tabernas» y observa los «cestos de aceitunas y limones | [que]

traían los vendedores en sus cabezas», en Roma. La escena se repite, siglos después, en Varsovia, donde «con sonidos de una música alegre» la multitud se divierte «cerca del tiovivo», fuera de los muros del gueto («A veces, el viento traía negras | cometas de las casas en llamas, | ellos, subidos en el tiovivo, | cogían algunos retazos al aire. | Aquel viento de las casas en llamas | levantaba los vestidos de las chicas, | las multitudes alegres reían | aquel bello domingo varsoviano»). En ambos casos, el desinterés ignora la tragedia: «Alguien puede leer una moral, | que el pueblo varsoviano o romano | mercadea, se divierte, ama | ante hogueras martiriales. | Otro lee la moral | sobre el pasar de las cosas humanas, | sobre el olvido que crece | antes de que se apaguen las llamas». Y el pensamiento del poeta se detiene en «la soledad de los que perecen» («Pero yo entonces pensaba | en la soledad de los que perecen») y en el rápido declive del recuerdo («Y para los que perecieron, solitarios, | olvidados ya del mundo»). Sin embargo, muchos años después, acaso suceda también que «En un nuevo Campo di Fiori | se alce en sedición la palabra del poeta».

17 de julio de 2015

«CYRANO DE BERGERAC»
EDMOND ROSTAND
(1868-1918)

Un baiser, mais à tout prendre, qu'est-ce?
Un serment fait d'un peu plus près, une promesse
Plus précise, un aveu qui veut se confirmer,
Un point rose qu'on met sur l'i du verbe aimer;
C'est un secret qui prend la bouche pour oreille,
Un instant d'infini qui fait un bruit d'abeille,
Une communion ayant un goût de fleur,
Une facon d'un peu se respirer le cœur,
Et d'un peu se goûter, au bord des lèvres, l'âme!

●

Pues, bien mirado, ¿qué diréis que es un beso?
Una promesa firme, un juramento expreso.
Es una confesión que el aliento confirma.
Es, sobre el verbo amar, una rosada firma.
Un secreto que toma la boca por oreja,
un instante infinito como un rumor de abeja.
Es una perfumada, sabrosa comunión.
Es como respirarse un poco el corazón,
y hacer que entre los labios el alma se desdoble...

Hay besos y besos. Los verdaderos y los que están hechos de palabras. Entre estos últimos, los versos de Rostand ocupan un lugar de gran relieve, porque muestran que el beso «hablado» puede cautivar con la misma fuerza (o a veces con más fuerza) que el beso «material». Toda la comedia—publicada en 1897 y representada en diciembre de ese mismo año en el teatro de la Porte Saint-Martin de París—está basada en la dialéctica entre «ser» y «aparentar». Rostand narra el amor que el gran espadachín y poeta Savinien Cyrano de Bergerac (1619-1695)—autor de viajes imaginarios, entre la filosofía y la literatura, a los mundos fantásticos del Sol y la Luna—siente por su prima Roxana. Esta última, sin embargo, se enamora del joven cadete Christian de Neuvillette, quien ruega a Cyrano que lo proteja. El poeta hará mucho más que eso: consciente de su escasa apostura y su gran nariz, pondrá a disposición de su apuesto «rival» (sabedor de su mísera elocuencia) la fuerza sobrecogedora de sus versos. Toda la esencia de la *pièce* se manifiesta en la famosa escena en la que Roxana escucha en su balcón la declaración de amor de Christian (pronunciada por Cyrano oculto entre sombras). La mujer es arrebatada por la profunda dulzura de la poesía: y se enamora de Christian (que, sin mérito alguno, recibe un beso) ante todo porque cree que él es el autor de aquellas dulces palabras. Cyrano-Christian ofrece a su amada varias imágenes, entre ellas algunas que se han hecho célebres, para definir el beso («sobre el verbo amar, una rosada firma»). La belleza exterior (la del cuerpo) puede impresionar de manera superficial, pero sólo la belleza interior (de la cual la fuerza de la poesía constituye una poderosa expresión) es capaz de hacer vibrar las cuerdas de nuestros corazones.

24 de julio de 2015

«PENSAMIENTOS»
MONTESQUIEU
(1689-1755)

Si je savais quelque chose qui me fût utile et qui fût préjudiciable à ma famille, je le rejetterais de mon esprit. Si je savais quelque chose qui fût utile à ma famille et qui ne le fût pas à ma patrie, je chercherais à l'oublier. Si je savais quelque chose utile à ma patrie et qui fût préjudiciable à l'Europe et au genre humain, je le regarderais comme un crime.

•

Si supiera de alguna cosa que me fuese útil y que resultara perjudicial para mi familia, la expulsaría de mi mente. Si supiera de alguna cosa útil para mi familia, pero que no lo fuese para mi patria, trataría de olvidarla. Si supiera de alguna cosa útil para mi patria, pero perjudicial para Europa y para el género humano, la consideraría un crimen.

PARA SEGUIR VIVIENDO, APOSTEMOS POR LA SOLIDARIDAD

En sus *Pensamientos*, Montesquieu nos recuerda que en la escala de las prioridades—nosotros mismos, la familia, la patria, Europa—la más importante es sin duda la pertenencia al «género humano»: «Si supiera de una cosa útil para mi patria pero perjudicial para otra, no la propondría a mi príncipe, pues, antes que francés, soy un ser humano, o mejor, porque soy un ser humano por necesidad mientras que soy francés sólo por azar». En un momento tan difícil para la vida política de Europa, estas máximas ponen de relieve la mezquindad de un Parlamento Europeo en el cual la solidaridad es pisoteada cada día por los intereses particulares de esta o de aquella nación. Han sido precisos miles de muertos en el Mediterráneo para hacer comprender que el dramático problema de los inmigrantes en busca de la dignidad humana no es un asunto exclusivamente italiano. De igual modo, la delicada cuestión de la reestructuración de la deuda griega no sólo concierne a Grecia: ¿es posible imaginar la recuperación de países arruinados—por culpa de la «crisis», pero sobre todo de una clase política corrupta—que con el dinero que les presta Europa apenas pueden pagar los intereses a la banca, y que no pueden destinar más que migajas al relanzamiento de las actividades productivas? La política basada en el interés exclusivo de un Estado no produce buenos resultados. Ni en el plano económico ni en el social. Y proliferan viejos y nuevos partidos que, aprovechándose del sufrimiento generalizado, fomentan intolerables formas de egoísmo y de racismo para satisfacer momentáneas ambiciones electoralistas. Si Europa no avanza por el camino de la solidaridad, en nombre del interés común, será difícil imaginar un futuro para el viejo continente.

31 de julio de 2015

«EL SUEÑO»

JOHN DONNE

(1572-1631)

Deare love, for nothing lesse then thee
Would I have broke this happy dreame;
It was a theame
For reason, much too strong to phantasie,
Therefore thou wakd'st me wisely; yet
My Dreame thou brok'st not, but continued'st it;
Thou art so truth, that thoughts of thee suffice,
To make dreames truths, and fables histories;
Enter these armes, for since thou thoughtst it best,
Not to dreame all my dreame, let's act the rest.

•

Amor, querido amor, sólo por ti
habría interrumpido este sueño feliz;
se trataba de un tema propio de la razón,
demasiado picante para la fantasía,
así que sabia fuiste al despertarme; pero
no truncaste mi sueño, pues lo continuaste;
resultas tan auténtica que pensar en ti basta
para hacer de los sueños verdades, e historia de las
    fábulas;
ven a estos brazos, ya que tú mejor creíste
que no soñara yo todo mi sueño, el resto hagámoslo.

Entre los poemas de amor, «El sueño» de John Donne ocupa un lugar especial. Mientras que el modelo más difundido, en la lírica occidental, se basa en el desesperado intento del amante por aferrar a una amada inalcanzable, aquí, por el contrario, el *eros* se traduce en una apasionada fusión corporal. El enamorado sueña con su amada y ésta se materializa a su lado:

> Amor, querido amor, sólo por ti
> habría interrumpido este sueño feliz;
> se trataba de un tema propio de la razón,
> demasiado picante para la fantasía,
> así que sabia fuiste al despertarme.

La amada, con su aparición, transforma la fantasía en realidad, los sueños en verdades y las fábulas en historias verdaderas («Resultas tan auténtica que pensar en ti basta | para hacer de los sueños verdades, e historia de las fábulas»). Interrumpe el sueño para consumar, hasta el fondo, el abrazo imaginado («Ven a estos brazos, ya que tú mejor creíste | que no soñara yo todo mi sueño, el resto hagámoslo»). Y lo hace leyendo los pensamientos del amante («Mas al ver que podías ver en mi corazón | y que mis pensamientos conocías mejor que puede un ángel») y compareciendo un momento antes del gozo del orgasmo («Cuando supiste qué soñaba, cuando supiste cuándo | el exceso de gozo me iba a despertar, y te acercaste»). Pero de improviso, cuando la mujer se aleja para retornar de nuevo al sueño («Al venir y al quedarte, que tú eres tú probabas, | pero me haces dudar, al levantarte, que ahora | tú no seas ya tú»), el amante se apercibe del juego de seducción basado en este ir y venir. El deseo, en efecto, se enciende como una antorcha («Tal vez como a una antorcha que ha de estar preparada | para ser encendida y apagada, me tratas; | a inflamarme viniste, te vas para volver, de forma que | voy a soñar de nuevo esa esperanza, pues si no moriría»). Y para mantenerse vivo a veces no basta con la mera realidad: se requiere también la imaginación.

7 de agosto de 2015

«AUTOPSICOGRAFÍA»
FERNANDO PESSOA
(1888-1935)

O poeta é um fingidor
Finge tão completamente
Que chega a fingir que è dor
A dor que deveras sente.

E os que lêem o que escreve,
Na dor lida sentem bem,
Não as duas que ele teve,
Mas só a que eles não têm.

E assim nas calhas de roda
Gira, a entreter a razão,
Esse comboio de corda
Que se chama coração.

•

El poeta es un fingidor.
Finge tan completamente
que hasta finge que es dolor
el dolor que en verdad siente.

Y, en el dolor que han leído,
a leer sus lectores vienen,
no los dos que él ha tenido,
sino sólo el que no tienen.

Y así en la vía se mete,
distrayendo a la razón,
y gira, el tren de juguete
que se llama el corazón.

LA AUTÉNTICA POESÍA ES HIJA DE UNA PARADOJA

En este breve pero densísimo poema, Pessoa nos habla del arte de componer poesía. El poeta—como anuncia ya el título: «Autopsicografía»—realiza un viaje por los meandros de la conciencia para explicarnos el misterio de la creación poética. La palabra clave se encuentra en el primer verso: «El poeta es un fingidor». Quien escribe versos debe, ante todo, saber «fingir». No es casual que Pessoa elija un término polisémico: «fingir» significa 'formar', 'modelar', pero significa también 'representar por medio del arte' (un pintor, mientras pinta, «finge» el objeto que está plasmando). Así, la imagen poética, para ser comunicada, debe pasar a través de la fantasía. El poeta «finge tan completamente | que hasta finge que es dolor | el dolor que en verdad siente»: quien escribe para relatar el dolor vivido necesita, en definitiva, imaginarlo. Sólo tras haberlo «fingido», el dolor está preparado para una nueva aventura. El lector, en efecto, al dar vida a los versos atribuye al «dolor leído» un significado ulterior: no es ya el dolor verdaderamente vivido por el poeta, ni el dolor que el poeta ha «fingido» («no los dos que él ha tenido»), sino que se trata de un dolor que no pertenece ya al poeta («sino sólo el que no tienen») y que incumbe exclusivamente a quien lee (con un ulterior desdoblamiento: el dolor real del lector y el dolor imaginado del lector mientras interpreta los versos). Ahora bien, en la tercera estrofa, esta compleja estructura hermenéutica se completa con una nueva imagen: la poesía es fruto, en la escritura y en la lectura, de un movimiento circular («y gira, el tren de juguete») generado por el corazón (los sentimientos auténticos que experimentamos) y por la razón (el acto creativo del «fingir»). La auténtica poesía es, de hecho, hija de una paradoja. Pessoa, extraordinario inventor de heterónimos, nos muestra que el poeta sólo puede decirnos la «verdad» «fingiendo» («mintiendo»: ¿la fecha, primero de abril, es casual?): el hombre no es uno, sino múltiple. Muchos «yos» pueden habitar en un solo ser.

14 de agosto de 2015

«LA ESCLAVITUD FEMENINA»

JOHN STUART MILL

(1806-1873)

We may safely assert that the knowledge which men can acquire of women, even as they have been and are, without reference to what they might be, is wretchedly imperfect and superficial, and always will be so, until women themselves have told all that they have to tell.

•

Tenemos el derecho de afirmar que el hombre no ha podido adquirir acerca de la mujer, tal cual fue o tal cual es, dejando aparte lo que podrá ser, más que un conocimiento sobradamente incompleto y superficial, y que no adquirirá otro más profundo mientras las mismas mujeres no hayan dicho todo lo que hoy se callan.

DE PARTE DE LAS MUJERES

Tratad de imaginar la fría reacción de la sociedad patriarcal británica cuando, en 1869, John Stuart Mill da a la imprenta una apasionada defensa de la dignidad de las mujeres. En una época en la que se consideraba «natural» el hecho de que las mujeres estuviesen totalmente sometidas a los hombres, hablar de sus derechos era percibido como una gran provocación: el derecho a la instrucción, el derecho a participar con el voto en la vida política, el derecho a ejercer una profesión se consideraban amenazas para los seculares privilegios de una casta—la de los hombres—acostumbrada a perpetrar abusos de toda suerte. Abusos consumados, sobre todo, dentro de la familia: esclavas del padre primero, y del marido después («el marido se titulaba señor de su mujer, era literalmente su soberano», p. 141). Mill, por ejemplo, se pregunta cómo ha sido posible establecer que «por el hecho de su nacimiento las mujeres no son ni pueden llegar a ser capaces de desempeñar cargos legalmente accesibles a los miembros más estúpidos y más viles del otro sexo» (p. 196). Se trata de tesis injustificables, carentes de todo fundamento. Sin embargo, escribe nuestro filósofo, quien detenta «en nuestros días el poder», cuando «oprime a cualquiera», «usa un lenguaje más insidioso» e intenta hacerle creer que todas las decisiones se toman «por su bien» (p. 197). Es necesario desconfiar del déspota que decide sobre el bien de los demás. Y, ante todo, es necesario aprender a escuchar la voz de quien no tiene voz. Mill—influido por las tesis feministas de su esposa, Harriet Taylor—no se limita a condenar la milenaria injusticia sufrida por las mujeres. Quiere también mostrar, en general, que toda forma de opresión y esclavitud (determinada por el color de la piel, el sexo o la religión) obstaculiza el desarrollo cultural y económico de la sociedad: «Al restringir la libertad de nuestros semejantes [...] empobrecemos a la humanidad» (p. 350).

21 de agosto de 2015

163

«SOBRE LA EDUCACIÓN»
ALBERT EINSTEIN
(1879-1955)

The school should always have as its aim that the young man leave it as a harmonious personality, not as a specialist. This in my opinion is true in a certain sense even for technical schools, whose students will devote themselves to a quite definite profession. The development of general ability for independent thinking and judgment should always be placed foremost, not the acquisition of special knowledge.

•

La escuela debe siempre plantearse como objetivo que el joven salga de ella con una personalidad armónica y no como un especialista. En mi opinión, esto es aplicable, en cierto sentido, incluso a las escuelas técnicas, cuyos alumnos se dedicarán a una profesión totalmente definida. Lo primero debería ser, siempre, desarrollar la capacidad general para el pensamiento y el juicio independientes y no la adquisición de conocimientos especializados.

LA ESCUELA DEBE APOSTAR POR LA «CURIOSITAS»

La mejor respuesta a los triunfalismos de estos últimos meses sobre la «buena escuela» podría venir de una profunda reflexión de Einstein: la auténtica escuela, la verdadera, no debe formar especialistas, sino «personalidades armónicas», capaces de desarrollar «la capacidad general para el pensamiento y el juicio independientes». Hoy en día, por el contrario, la atención se centra cada vez más en las orientaciones del mercado, con el riesgo de deformar el principal cometido de la enseñanza: se incita a los jóvenes —ya antes de conseguir un título medio— a matricularse en las escuelas superiores con el objetivo fundamental de iniciarse en una profesión concreta. La pasión por tal o cual disciplina contará poco para orientar sus decisiones. Las insistentes campañas denigratorias del instituto clásico y el énfasis en la salida profesional han producido ya notables resultados: la carrera hacia escuelas y facultades más acreditadas para obtener un puesto de trabajo. Nadie parece ya preocuparse por el hecho de que, como recuerda Einstein, la «curiosidad divina que todo niño sano posee» puede quedar «prematuramente debilitada» (p. 71). Sin esa desinteresada *curiositas* es difícil imaginar el desarrollo de la creatividad y de la fantasía. La «buena escuela» no la hacen ni las pizarras interactivas multimedia, ni las *tablets*, ni los *managers*, ni los demagógicos acuerdos a corto plazo con empresas y centros profesionales: la hacen sólo los «buenos docentes», aquellos que, renunciando a las «medidas coercitivas», logran que «la única fuente del respeto del alumno hacia el profesor sean las cualidades humanas e intelectuales de éste» (pp. 71-72). Al docente le incumbe la delicada misión de hacer comprender a sus estudiantes que la enseñanza es una gran oportunidad ofrecida por la sociedad para ayudarnos a hacernos mejores, mujeres y hombres libres capaces de saber vivir. Pero las reformas, por desgracia, en lugar de proponer sistemas rigurosos para la contratación de profesores, se limitan a producir ejércitos de precarios, que después son admitidos sin una selección seria.

28 de agosto de 2015

FUENTES[1]

ACCETTO, Torquato, *La disimulación honesta*, estudio preliminar, trad. y notas de Sebastián Torres, Buenos Aires, El Cuenco de Plata, 2005, p. 99.

—, *Della dissimulazione onesta*, al cuidado de Edoardo Ripari, Milán, Rizzoli, 2012, pp. 23-24.

ALCIATO, Andrea, *Emblemas*, ed. y comentario de Santiago Sebastián, prólogo de Aurora Egido, trad. actualizada de los *Emblemas* de Pilar Pedraza, Madrid, Akal, 1993, p. 35.

—, *Il libro degli Emblemi*, introducción, trad. y notas de Mino Gabriele, Milán, Adelphi, 2009, pp. 209-210.

ARIOSTO, Ludovico, *Orlando furioso* [IV, 66; XXXV, 27], trad. y prólogo de José María Micó, Madrid, Espasa, 2010, p. 91 y p. 762.

—, *Orlando furioso*, al cuidado de Cesare Segre, Milán, Mondadori, 1990, p. 79 y p. 913.

BALZAC, Honoré de, *El pobre Goriot* [cap. 11], trad. de María Teresa Gallego Urrutia, Barcelona, Alba, 2011, p. 158.

—, *Le Père Goriot*, París, Gallimard, 1971, pp. 151-152.

BELLI, Giuseppe Gioachino, «El mercado de Piazza Navona», en *99 Sonetos romanescos*, ed., trad., introducción y notas de Luigi Giuliano, ed. bilingüe, Madrid, Hiperión, 2013, pp. 154-155.

—, *Er mercato de piazza Navona*, introducción de Carlo Muscetta, ed. de Maria Teresa Lanza, Milán, Feltrinelli, 1965, vol. II, p. 1184.

BOCCACCIO, Giovanni, *Decamerón* [I, 3], introducción de Michelangelo Picone, trad. y notas de Pilar Gómez Bedate, Madrid, Espasa-Calpe, 1999, p. 47.

[1] En las páginas que anteceden hemos realizado algunas modificaciones o ajustes en las traducciones aquí citadas. (*N. del T.*).

—, *Decameron* [1, 3], al cuidado de Vittore Branca, Turín, Einaudi, 1992, p. 82.

BORGES, Jorge Luis, «Del rigor en la ciencia», en *El hacedor*, Buenos Aires, Emecé, 1960, p. 103.

BRUNO, Giordano, *La cena de las Cenizas*, trad., introducción y notas de Miguel Ángel Granada, Madrid, Tecnos, 2015, pp. 87-89.

—, *La cena delle Ceneri* en *Opere italiane*, textos críticos de Giovanni Aquilecchia, Turín, UTET, 2006, vol. 1, p. 475.

CALVINO, Italo, *Las ciudades invisibles*, trad. de Aurora Bernárdez, Barcelona, Minotauro, 1985, p. 175.

—, *Le città invisibili*, en *Romanzi e racconti*, al cuidado de Mario Barenghi e Bruno Falcetto, Milán, Mondadori, 1992, vol. II, pp. 497-498.

CAVAFIS, C. P., «Ítaca», en *Poemas*, trad. de Ramón Yrigoyen, Barcelona, Seix Barral, 1996, pp. 70-71.

—, «Ithakê», en *Poiêmata*, Atenas, Patakê, 2013 [2011], p. 71.

CERVANTES, Miguel de, *Don Quijote de la Mancha* [II, 12], ed. del Instituto Cervantes dirigida por Francisco Rico, Barcelona, Crítica, 1998, p. 719.

DEFOE, Daniel, *Las aventuras de Robinson Crusoe,* prólogo de Claudio Magris, trad. y notas de Carlos Pujol, Barcelona, RBA, 2013, p. 166.

—, *Robinson Crusoe*, ed. de Evan R. Davis, Peterborough (Cambridge), Broadview Editions, 2010, p. 155.

DICKENS, Charles, *Canción de Navidad*, Madrid, Planeta, 1983.

—, *A Christmas Carol*, Fairfield (Connecticut), First World Library, 2003, pp. 27-29.

DONNE, John, «El sueño», en *Canciones y poemas de amor*, versión de Gustavo Falaquera, ed. bilingüe, Madrid, Hiperión, 2004, pp. 127-129.

EINSTEIN, Albert, «Sobre la educación», en *Mis ideas y opiniones*, trad. de José M. Álvarez Flórez y Ana Goldar, Barcelona, Antoni Bosch, 2011, p. 74.

—, «On Education», en *Out of My Later Years*, Secauous (Nueva Jersey), Citadel Press, 1995 [1956], p. 40.

FLAUBERT, Gustave, *Diccionario de prejuicios*, en *Madame Bovary*, trad. de Agustín Izquierdo, Barcelona, Óptima, 1998, pp. 307, 314, 327, 332, 351, 365, 366.

—, *Dictionnaire des idées reçues*, en *Les Pensées*, París, Le Cherche Midi, 1993, pp. 141-201.

GARCÍA MÁRQUEZ, Gabriel, *Cien años de soledad*, Barcelona, Debolsillo, 2011, p. 464.

GOETHE, Johann Wolfgang von, *Los años de aprendizaje de Wilhelm Meister*, ed. y trad. de Miguel Salmerón, Madrid, Cátedra, 2000, p. 90.

—, *Wilhelm Meisters Lehrjahre*, Múnich, Deutsche Taschenbuch, 1977, pp. 11-12.

GRACIÁN, Baltasar, *Oráculo manual y arte de prudencia*, ed. de Miguel Romera-Navarro, Madrid, CSIC, 2003 [1954], p. 180.

GUICCIARDINI, Francesco, *Recuerdos* [141], presentación y trad. de Antonio Hermosa Andújar, Madrid, Centro de Estudios Constitucionales, 1988, p. 90.

—, *Ricordi* [141], introducción y notas de Carlo Varotti, Roma, Carocci, 2013, pp. 228-229.

HIKMET, Nazim, *Duro oficio el exilio*, trad. de Alfredo Varela, Sant Cugat del Vallés (Barcelona), El Bardo, Los Libros de la Frontera, 2002, pp. 50-55.

—, *Memed'e son mektubumdur, Yeni Şiirler, Bütün Şiirleri*, Estambul, Yapı Kredi Yayınları, 2007, p. 1549.

HIPÓCRATES, *Lettere sulla follia di Democrito*, al cuidado de Amneris Roselli, ed. bilingüe, Nápoles, Liguori, 1998, pp. 38-39.

HOMERO, *Odisea* [XVII, versos 300-306], ed. y trad. de José Luis Calvo, Madrid, Cátedra, 1996, p. 297.

—, *Odissea* [XVII, versos 300-306], introducción, texto y comentario de Joseph Russo, trad. de G. Aurelio Privitera, ed. bilingüe, Milán, Mondadori, 1991, vol. V, pp. 27-29.

JONSON, Ben, *Volpone o el zorro* [III, pp. 6, 20-21, 29-31 y 33-35], cronología, introducción, bibliografía, trad. y notas de A. Sarabia Santander, ed. bilingüe, Barcelona, Bosch, 1980, pp. 208-211.

LEVI, Primo, *Si esto es un hombre*, trad. de Pilar Gómez Bedate, Barcelona, Muchnik, 2000, pp. 15-16.

—, *Se questo è un uomo*, Turín, Einaudi, 2014, p. 13.

MANN, Thomas, *Los Buddenbrook. Decadencia de una familia*, trad. de Isabel García Adánez, Barcelona, Edhasa, 2015, p. 576.

—, *Buddenbrooks*, Fráncfurt del Meno, Simon Fischer, 1960, p. 482.

MAQUIAVELO, Nicolás, *Antología*, ed. de Miguel Ángel Granada, Barcelona, Península, 2009, p. 396.

—, *Lettere*, al cuidado de Franco Gaeta, Turín, UTET, 1984, p. 426.

MASTERS, Edgar Lee, *Antología de Spoon River*, ed. de Jesús López Pacheco, trad. de Jesús López Pacheco y Fabio L. Lázaro, Madrid, Cátedra, 1993, p. 122.

—, *Spoon River Anthology*, Nueva York, Dover Thrift, 2000, p. 30.

MAUPASSANT, Guy de, «Amor (Tres páginas del "Libro de un cazador")», en *Cuentos completos*, trad., ed., introducción y notas de Mauro Armiño, Madrid, Páginas de Espuma, 2011, vol. II, pp. 2255-2256.

—, «Amour», en *Contes et nouvelles*, París, Gallimard, colección «La Pléiade», 1979, vol. II, p. 849.

MILL, John Stuart, *La esclavitud femenina*, trad. y prólogo de Emilia Pardo Bazán, presentación de Assumpta Roura, Madrid, Artemisa Ediciones, 2008, p. 127.

—, *On Liberty, and Other Essays*, Nueva York, Oxford University Press, 2008 [1991], p. 497.

MIŁOSZ, Czesław, «Campo di Fiori», en *Tierra inalcanzable. Antología poética*, trad., selección y prólogo de Xavier Farré, Barcelona, Galaxia Gutenberg-Círculo de Lectores, 2011, pp. 70-72.

—, *Campo dei fiori*, en *Poezje*, Varsovia, Czytelnik, 1988.

MOLIÈRE, *La escuela de las mujeres* [III, 2, vv. 695-704], ed. y trad. de Mauro Armiño, Madrid, Cátedra, 2014, p. 261.

—, *La scuola delle mogli* [III, 2, versos 695-704], en *Teatro*, al cuidado de Francesco Fiorentino, trad. de Anna Maria Laserra, ed. bilingüe revisada por Gabriel Conesa, Milán, Bompiani, 2012, pp. 686-689.

MONTAIGNE, Michel de, *Los ensayos* [I, 22], ed. y trad. de J. Bayod Brau, Barcelona, Acantilado, 2007, p. 141.

—, *Saggi* [I, 23], trad. de Fausta Garavini revisada y corregida, ed. bilingüe al cuidado de Andre Tournon, Milán, Bompiani, 2012, pp. 204-205.

MONTALE, Eugenio, «Dora Markus», en *Poesía completa*, trad., prólogo y notas de Fabio Morábito, Barcelona, Galaxia Gutenberg-Círculo de Lectores, 2006, pp. 202-207.

—, «Dora Markus», en *Le occasioni*, al cuidado de Dante Isella, Turín, Einaudi, 1996, pp. 58-59.

MONTESQUIEU, *Mes Pensées*, en *Oeuvres complètes*, París, Seuil, vol. VII, § 11, p. 855.

PESSOA, Fernando, «Autopsicografía», en *Antología poética. El poeta es un fingidor*, ed. y trad. de Ángel Crespo, Madrid, Espasa, 2012, p. 126.

—, *Poesias*, Lisboa, Atica, 1995 [1942], p. 235.

PLATÓN, *Banquete* [175 d], trad., introducción y notas de M. Martínez Hernández, en Platón, *Diálogos III*, Madrid, Gredos, 1986, p. 193.

—, *Simposio* [175 d], al cuidado de Giovanni Reale, ed. bilingüe, Milán, Mondadori, 2001, pp. 16-17.

PLAUTO, *El soldado fanfarrón* [acto I, escena única], en *Comedias*, vol. II, ed. y trad. de José Román Bravo, Madrid, Cátedra, 1995, p. 84.

—, *Il soldato fanfarone*, introducción de Cesare Questa, trad. y notas de Mario Scandola, edición bilingüe, Milán, Rizzoli, 1980, pp. 100-101.

RABELAIS, François, *Gargantúa y Pantagruel (Los cinco libros)*, prefacio de Guy Demerson, trad. y notas de presentación de Gabriel Hormaechea, Barcelona, Acantilado, 2011, p. 79.

RILKE, Rainer Maria, *Poesía*, trad. de José María Valverde, ed. de Jordi Llovet, Castellón, Ellago Ediciones, 2007, p. 38.

—, *Die frühen Gedichte*, Leipzig, Insel, 1909, p. 91.

ROSTAND, Edmond, *Cyrano de Bergerac* [III, 9], introducción Jaime Campmany, trad. de Jaime y Laura Campmany, Madrid, Espasa-Calpe, 2007, pp. 148-149.

—, *Cyrano de Bergerac* [III, 9], en *Théâtre*, París, Omnibus, 2006, p. 119.

RUTILIO NAMACIANO, *El retorno* [I, 63-66; 71-72], introducción, trad. y notas de Alfonso García-Toraño Martínez, Madrid, Gredos, 2002, pp. 45-46.

—, *Il ritorno* [I, 63-66; 71-72], al cuidado de Alessandro Fo, ed. bilingüe, Turín, Einaudi, 1997, pp. 6-7.

SAINT-EXUPÉRY, Antoine de, *El principito* [capítulo XXI], prólogo de Carmen Martín Gaite, álbum de Mauro Armiño, trad. de Bonifacio del Carril, Madrid, Alianza, 1997.

—, *Le Petit Prince* [capítulo XXI], en *Oeuvres complètes*, vol. II, París, Gallimard, 1999, p. 298.

—, *Ciudadela* [LV], prólogo de Horacio Vázquez Rial, trad. de Hellen Ferro, Barcelona, Alba, 1998, p. 150.

—, *Citadelle* [LV], en *Oeuvres complètes*, vol. II, París, Gallimard, 1999, p. 500.

SHAKESPEARE, William, *El mercader de Venecia* [V, 1], introducción, trad. y notas de José María Valverde, Barcelona, Planeta, 1982, p. 154.

SWIFT, Jonathan, *Los viajes de Gulliver*, trad. de Felipe Villaverde revisada por M. M., prólogo y cronología de José María Valverde, Barcelona, Círculo de Lectores, 1996, pp. 92-93.

—, *Gulliver's Travels*, Ware Hertfordrhire, Wordsworth, 1992, p. 42.

TASSO, Torquato, *Jerusalén libertada* [X, 20], trad., prólogo y notas de L. M., Barcelona, Iberia, 2000, pp. 164-165.

—, *Gerusalemme liberata* [x, 20], al cuidado de Franco Tomasi, Milán, Rizzoli, 2009, p. 641.

YOURCENAR, Marguerite, *Memorias de Adriano*, trad. de Julio Cortázar, Barcelona, Edhasa, 1987, p. 107.

—, *Mémoires d'Hadrien*, París, Gallimard, 1974, pp. 140-141.

ZWEIG, Stefan, *Mendel el de los libros*, trad. de Berta Vías Mahou, Barcelona, Acantilado, 2009, p. 26.

—, *Buchmendel – Novellen*, Leipzig, Insel, 1976, p. 131.

AGRADECIMIENTOS

En el momento de despedir *Clásicos para la vida* querría expresar mi gratitud a los alumnos de la Universidad de Calabria (que han seguido mis cursos y han participado activamente en los lunes dedicados a la lectura de los clásicos), a los estudiantes de los alrededor de setenta institutos y centros de formación profesional italianos con quienes he dialogado (con motivo de la presentación de mi libro *La utilidad de lo inútil*), a los queridos amigos y colegas Amneris Roselli (que con gran paciencia, semana tras semana, ha leído cada uno de mis comentarios) y Raffaele Perrelli (a quien he sometido algunas interpretaciones de autores que ambos apreciamos). Un pensamiento afectuoso también para George Steiner por el sinfín de conversaciones sobre los clásicos que hemos mantenido en muchos años de profunda amistad.

Con el precioso apoyo del Istituto Italiano per gli Studi Filosofici y de su presidente Gerardo Marotta he podido promover varias colecciones de clásicos en Francia, Alemania, Rumanía, Rusia, Brasil, China y Japón. Quisiera hacer extensivo mi reconocimiento a Jean-François Cottier y a Jean Vignes, con quienes he discutido varias secciones de mi introducción durante una estancia en París en calidad de *professeur invité* de la Universidad París-Diderot (París-7). Igualmente querría expresar mi gratitud a Caroline Noirot, que por primera vez me propuso recopilar estos textos para Les Belles Lettres.

Debo a la extraordinaria sensibilidad cultural de Pier Luigi Vercesi, director de *Sette*, la existencia de este volumen; sin su valerosa—y, en estos tiempos, inusual—invitación a redactar una columna en su semanario nunca habría tenido la ocasión de publicar esta selección de clásicos y los breves comentarios que la acompañan: a él, junto con Luciano Fontana, (director del *Corriere della Sera*) y Ferruccio de Bortoli (director en aquel tiempo)—, va toda mi gratitud por la confianza que se dignaron otorgarme.

Con esta contribución se inicia mi activa colaboración con la editorial La nave di Teseo. A Elisabetta Sgarbi, a Mario Andreose, a Eugenio Lio, a Anna Maria Lorusso y a nuestro querido armador Umberto Eco (que, desgraciadamente, nos ha dejado hace poco)—con quienes desde hace años comparto varias empresas editoriales—, quiero expresarles mi más profunda amistad.

ÍNDICE DE NOMBRES[1]

[1] Indicamos en cursiva las páginas que corresponden a los autores que figuran en esta la antología.

ESTA REIMPRESIÓN, DÉCIMA, DE
«CLÁSICOS PARA LA VIDA», DE NUCCIO ORDINE,
SE TERMINÓ DE IMPRIMIR EN
CAPELLADES EN EL MES
DE SEPTIEMBRE
DEL AÑO
2023

Colección El Acantilado
Últimos títulos